ウクライナ戦争をどう終わらせるか

――「和平調停」の限界と可能性

東 大作
Daisaku Higashi

岩波新書
1961

はじめに

二〇二二年二月二四日、ロシアがウクライナに侵攻して世界は一変した。

第二次世界大戦以後、曲がりなりにも世界の平和や安定の礎になってきた「国家主権の尊重」と、「他国の領土の尊重」という世界で最も大事な国際ルールを破り、ロシアのプーチン大統領はその暴挙に踏み切った。

連日テレビから流れる悲惨な映像を見て、一体ウクライナの人々が何をしたのかという憤りを感じるのは私だけではないだろう。

戦争開始から七か月たった九月下旬、プーチン大統領はウクライナでのロシア軍の劣勢とウクライナ軍が占領地を奪還し始めたのを受け、ウクライナ四州における「茶番」とされる住民投票なるものを実施した。その結果だとして、ウクライナ東部と南部の四州の併合を宣言した。プーチン大統領は「この四州はロシア領土であり、この領土が他国の脅威にさらされる場合は、核兵器を含むあらゆる兵器の使用をためらわない」と明言している。

もし核兵器が使われれば、広島・長崎以来の核兵器による人類に対する攻撃が実際に行われることになる。一〇月、米国のバイデン大統領は、「一九六二年のキューバ危機以来の、核兵器の交戦によるハルマゲドン(最終戦争)に繋がる危機だ」と異例の演説を行った。

確かに、このような事態に人類が直面するのは、第二次世界大戦以降、初めてのことである。キューバ危機の時も米国とソ連は核戦争一歩手前までいったが、あの時は、実際の戦争は起きていなかった。今回は米国をはじめ西側の軍事支援を受けるウクライナとロシアが、連日激しい戦闘を続ける中で「いつロシアが、ウクライナでの劣勢を回復するために、戦術核兵器を使うか分からない」事態が続いている。

核兵器が使われた場合、米国は「大変な結果が待っている」と再三ロシアに警告して、その使用をとどめようとしている。実際に核兵器が使用された場合、米国やNATO(北大西洋条約機構)が通常兵器による参戦を決める、または、(可能性は低いが)核兵器による報復をすると、これは世界大戦に直ちに直結する可能性がある。またロシアの兵器が、故意でも誤爆でもポーランドなどNATOに加盟している国に撃ち込まれた瞬間に、米国などNATO加盟国がロシアに対し参戦し、やはり核を伴う世界大戦に突入するリスクが現実にある。

ウクライナ戦争のグローバルな影響は、世界大戦突入のリスクだけではない。エネルギー価格の暴騰や食料価格の高騰による世界的インフレは、私たち日本人の生活にも大きな影響を与えている。さらに、第三世界の脆弱な人々、貧困層の人たちにとって、こうしたエネルギー価格や食料価格の高騰は、栄養不足による餓死にすぐに直結する。国連はウクライナ侵攻の影響で、新たに五〇〇〇万人の人々が飢餓に直面していると警告している。

一方、人類がウクライナ戦争に関心を集中させる中、地球温暖化の影響による世界的な干ばつや洪水は年を追うたびに深刻度を増している。二〇二二年、パキスタンでも米国でも数百万人が家を追われる洪水やハリケーンに見舞われ、東アフリカやアフガニスタンなど中東では干ばつによる飢餓が日々深刻化している。本来、人類は戦争にかまけている余裕はないのだ。

その意味でこの戦争を終結させることは、地球温暖化、干ばつ、感染症、そして、ウクライナ以外の世界各地で続く軍事紛争に人類が正面切って解決に向けて努力するためにも、極めて重要なことである。

本書の目的は、この「ウクライナ戦争をどう終わらせるか」という議論に一石を投じ、同時に、第二次世界大戦以降、国際社会が最大の曲がり角に入った今、日本が果たすべき役割を提示することである。

一言でいえば、欧米の圧倒的な関心がウクライナ戦争に向かう中、日本はウクライナ周辺国での難民支援など可能な援助を誠心誠意行いつつ、欧米諸国の関心が薄れる中東やアフリカの紛争解決や平和構築、そして待ったなしの地球温暖化対策、干ばつを克服するための農業支援、そして感染症対策などグローバルヘルスの向上のために、より主体的な役割を果たすことが大切だと考えている。

現場での支援に加え、様々な国家や国際機関、NGO、専門家が集まり、知恵を出しあい、共に解決に向けてグローバルな取り組みを推進する役割を日本が果たしていくことは、現場の人たちや政府からも、また欧米諸国からも感謝されるはずだ。私はこうした日本が果たせる役割を、「グローバル・ファシリテーター」(世界的対話の促進者)と呼んでいる。

また中東やアフリカの「自立と安定」に向け主体的な支援を行うことは、例えばエネルギーの圧倒的な輸入を中東に依存している日本(石油に関しては、日本の中東依存度は九五%)にとっては国益にも直結する。

私はこれまで、ベトナム、アフガン、イラク、シリアなど、大国から軍事介入をされた側の調査や取材を続け、また実際に平和構築の実務にも携わってきた。

そうした経験も踏まえ、ウクライナ戦争終結への課題を探りつつ、「ロシアのウクライナ侵攻」によって大きく変化してしまった世界において、日本がどのような役割を果たし、生き方をすべきか。そのような問いに、少しでも本書が参考になってくれればと祈念している。

目次

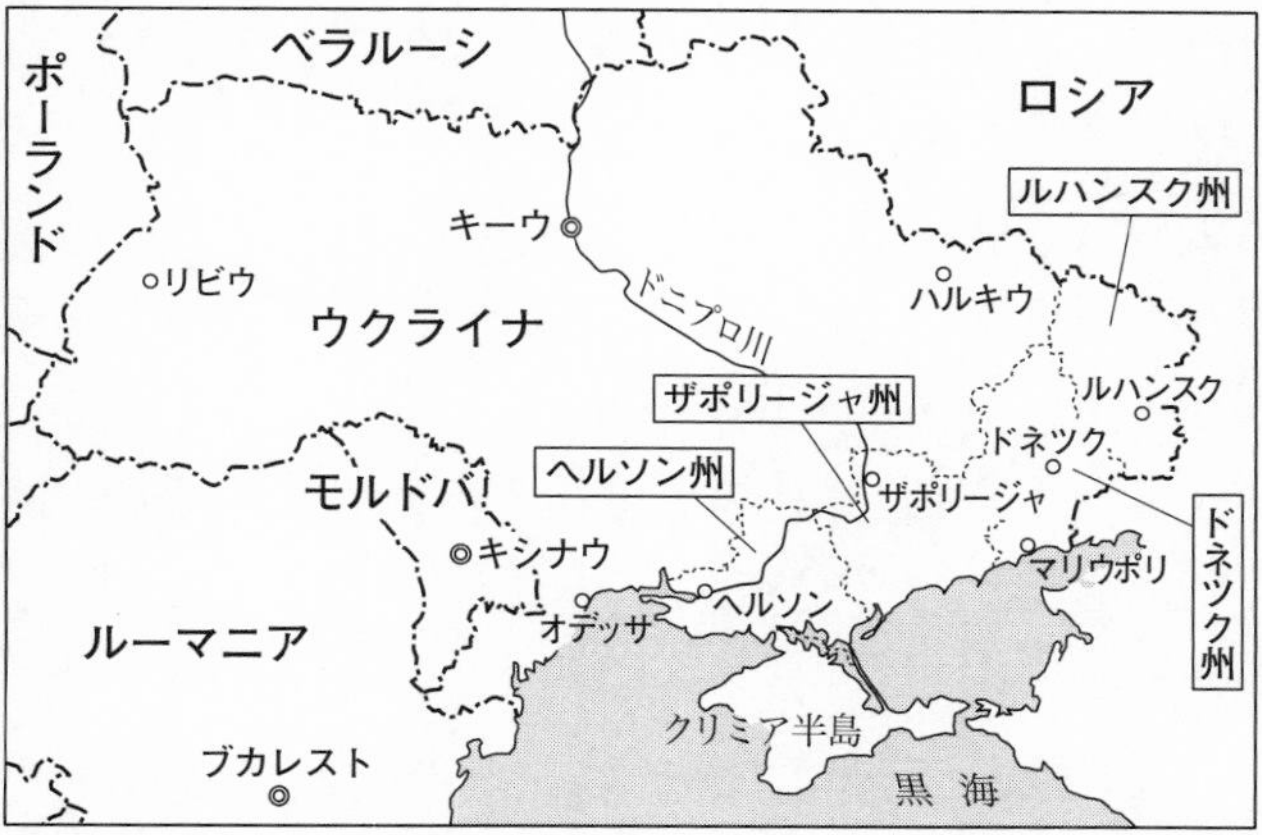

ベラルーシ
ポーランド
ロシア
ルハンスク州
キーウ
リビウ
ウクライナ
ドニプロ川
ハルキウ
ザポリージャ州
ルハンスク
ドネツク
ヘルソン州
モルドバ
ザポリージャ
ドネツク州
キシナウ
マリウポリ
ヘルソン
オデッサ
ルーマニア
クリミア半島
ブカレスト
黒 海

ウクライナと周辺国

第1章　ウクライナ侵攻と、世界大戦の危機

想定される五つのシナリオ

二〇二二年二月二四日にロシア軍はウクライナの北側と東側、さらに南側から総攻撃をかけ、一気にウクライナのゼレンスキー政権の打倒と、新たな傀儡《かいらい》政権の樹立を目指した。しかし、ウクライナ軍は懸命の抵抗を開始し、米国から海外への逃避を持ちかけられたゼレンスキー大統領も首都キーウに留まり、最後まで戦う意志を内外に明らかにした。「短期にキーウを占領する」というロシア軍の目論見は、すぐに崩れた。

そうしたロシア軍のウクライナ侵攻から一週間後の三月一日、ニューヨーク・タイムズ紙のコラムニストのトーマス・フリードマン氏が、ウクライナ戦争の終結のシナリオとして以下の三つを提示した。そのシナリオは、戦争開始から一年たとうとしている今も極めて重要な視座を与えてくれている。以下、その内容を簡潔に紹介する。

(1) 破滅的なシナリオ(世界大戦への突入)

第一のシナリオでは、プーチン大統領は、ウクライナの施設を破壊し人々の殺戮を続ける。

その一方、プーチン大統領はウクライナに傀儡政権を樹立することはできない。永続的な反ロシアの抵抗が続くからである。西側諸国も徹底した制裁で対抗するが、追い詰められたプーチン大統領が核兵器の使用も含め「何をするかは分からない。それは恐怖のカクテルだ」と、フリードマン氏はこの戦慄のシナリオを表現した。実際には、核兵器を伴う世界大戦を示唆している。

(2) 汚い妥協

第二のシナリオでは、ウクライナがロシアに対して徹底抗戦してロシア軍を苦しめ、西側の経済制裁もロシアに次第に深刻な打撃を与える。その結果、ウクライナとロシアの双方がフリードマン氏が呼ぶところの「汚い妥協」で合意する。

その大まかな内容は、停戦およびロシア軍の撤退と引き換えに、ウクライナがＮＡＴＯに加盟しないことを約束。さらに、親ロシア派が二〇一四年以降一部を支配していたウクライナ東部ドンバス地域のロシア編入を認め、西側諸国はロシアへの経済制裁を解除するというシナリオである。しかしフリードマン氏は「このシナリオの可能性は極めて低い」と、この段階で明言していた。なぜならプーチン大統領は「ウクライナをロシアの傘下に置く」という目標を達成できず、またウクライナもロシアの軍事侵攻によって領土を割譲するのは難しいからだと論じている。

(3) プーチン体制の崩壊

第三は、ロシアの人々がプーチン体制に異を唱え、最終的にプーチン氏を大統領の座から追い出すというシナリオである。フリードマン氏は「このシナリオの可能性は低いが、世界にとって最善のシナリオだ」としている。政権内部からのクーデターなども、このシナリオに入る。

この三つのシナリオは、戦争開始から一週間の段階で示されたものとして、戦争の終わり方について大きな見取り図を与えてくれている。私も基本的にこの見立てに同意している。しかし私はこの三つに加え、実際には、ウクライナ東部や南部における戦闘が長期化し、低・中強度紛争が続いていく可能性が高いと、二〇二二年四月八日に発売された雑誌『世界』に掲載された拙論「世界大戦をどう防ぐのか」で主張した。そして、この戦闘が長期化していく場合、さらに次の二つのシナリオへの展開があり得ると論じた。

(4) 西側諸国対ロシア・中国圏で経済圏が次第に分離

米国やヨーロッパ諸国、日本など西側諸国が、極めて包括的なロシアへの経済制裁を強め、次第にロシアの最大の収入源である石油やガスの輸入をストップしていく。それに対し、中国がロシア産の石油やガスを買い支え続けた場合、ロシアの攻撃に対する国際的な批判の高まりと共に、中国への批判が強まる。

ワシントン・ポスト紙のコラムニストでCNNのキャスターも務めるファリード・ザカリア氏は、二〇二二年三月一七日放送のCNNニュースの中で「中国が、ロシアの石油やガスを買い支えるならば、米国や西側は中国への制裁に乗り出すだろう」と予想した。そうなった場合、西側諸国対ロシア・中国圏で経済圏が次第に分離するというのが、第四のシナリオとしてはあり得る。

侵攻後に行われた米国のバイデン大統領と中国の習近平主席のオンライン会談でも、この点が焦点となった。報道によれば、ロシア支援をしないよう求めたバイデン大統領に対し、習主席は「ウクライナ危機は私たちが見たくないものだ」とし、「衝突と対立は誰の利益にもならない」と強調した。他方、中国はロシアに対する経済制裁には反対しており、通常の貿易としてロシアの石油やガスを買い続けている。

ただ、ロシアに対する武器提供などの軍事支援は実施しておらず、石油やガスについても戦争開始前より大幅に輸入量を増やすことは、現在までのところ手控えている。なぜなら、中国にとって西側諸国の市場を失うことや、孤立を深めるロシアを支持していると見られることはメリットが少なく、できれば回避したいシナリオだからだ。

一方中国は、プーチン大統領が失脚してロシアが民主化すると、国連安全保障理事会の常任理事国の中で孤立する恐れがあり、それもまた困る。中国政治が専門の松田康博教授は、「プーチン氏が倒れては困るから支えるしかないけれども、プーチン氏がとても合理的とは思えない行動をとり続けているので、大迷惑でしょう」と分析している(朝日新聞デジタル「ロシアにしてやられた中国　勇気得た台湾　松田康博・東大教授に聞く」二〇二二年三月七日)。

米国政府も、サリバン国家安全保障担当大統領補佐官が二〇二二年六月に「中国がロシアに軍事支援したり、西側の対ロシア制裁を阻害する動きは見られない」と記者団に明言するなど、中国が積極的にロシアを軍事支援しているとは判断していない。今のところ、この第四のシナリオに本格的に突入することは、米国・中国ともに避けようとしているように見える。

(5) 中国やトルコなどが働きかけ、ロシア軍が停戦・撤収

中国にとっては、(1)の世界大戦のシナリオも、(4)の西側諸国との経済的な分離も、決して利益ある選択ではない。中国は、米国や欧州、日本をはじめ西側諸国に製品を輸出することで圧倒的な経済成長を遂げてきた。プーチン大統領の侵略を支持してその市場を失うことは、合理的に考えれば得な選択ではない。また中国はこれまで「内政不干渉」と「国家主権の尊重」を唱えて、米国による他国への軍事介入などに反対してきた。

一方、プーチン大統領にとっても、中国がロシアの主要輸出品である石油やガスを買い続けてくれるかどうかは生命線であり、中国の主張には耳を傾けざるを得ない現実がある。その意味で、中国が圧倒的な交渉力をロシアに対して持っていることは間違いない。コーヘン米元国防長官は、二〇二二年三月一一日放送のＣＮＮの番組で「中国が内々にでもプーチン大統領に兵を撤収させるよう説得することが、この戦争を早期に収める最も効果的な方法であり、米国

も中国にそう働きかけるべき」と強調している。

中国が内々にでもプーチン大統領に対し、「ロシア軍の撤収」を働きかけるような状況を国際社会全体で作っていく。同時に、プーチン大統領と個人的にも親しく、シリア内戦においてロシアと停戦協議を主導したトルコのエルドアン大統領などが、ロシアとウクライナの間の和平調停の役割を担い、最終的に停戦とロシア軍の撤退を実現する。その場合、ゼレンスキー大統領が一度示していたように、ウクライナはＮＡＴＯに入ることは目指さず、他の形での安全保障体制に入り、ロシア側もそれをもって面子を保ち、軍を撤収する。実際に起きるかは別として、シナリオの一つとしてはあり得るだろう。

戦争の長期化

以上が、四月八日段階で、私が提示した五つのシナリオであった。その後、ウクライナ戦争は長期化の様相を次第に強めている。まずロシアは二〇二二年四月初旬に、ウクライナ北部の戦線からは撤退し、東部と南部の占領地拡大へ舵を切った。次章で詳しく述べるように、「民族自決」(自分たちの国・民族の運命は自分たちの手で決める)という考え方や、「反植民地主義」という規範の力が極めて強くなった第二次世界大戦後の世界においては、どんなに大国であっても、軍事的な侵攻によって他国に傀儡政権を作るのは難しくなっている。

ロシアが、わずか一か月ほどの戦闘でウクライナ全土の支配を（少なくともいったんは）諦め北部戦線から撤収したことは、大国であっても他国全体を支配し、傀儡政権を作ることがいかに不可能に近いか、改めて世界に示したものだった。

ウクライナ東部ルハンスク州で，ロシア編入に向けた住民投票が行われているバス．2022年9月23日，EPA＝時事

その後もプーチン大統領は、ウクライナ東部から南部にかけて軍事侵攻を続け、激しい戦闘となった。ウクライナ兵士は一日一〇〇人から二〇〇人という犠牲を出し、また無数のウクライナ市民も犠牲になった。さらにウクライナから世界中に逃れたウクライナ難民は九月末段階で七五〇万人にものぼっている。わずか半年で世界で最も多くの難民が発生する、すさまじい戦争になってしまったのである。

そしてプーチン大統領は、侵攻から七か月を経た二〇二二年九月二四日から二七日まで、軍事侵攻によって一方的に占領した、ウクライナ東部のルハンスク州、ドネツク州、南部のザポリージャ州、ヘルソン州の四州において、ロシアへの合併の是非を問う「住民投票」と称するものを実施した。

国際的で中立な監視団もなく、銃を手にしたロシア軍兵士に付き添われたスタッフが個別訪問して、ロシアへの編入の是非について秘密投票でない形で投票させていることが報じられ、「侵略によって占領している地域における住民投票は全くの茶番」だと、多くの国々が強く批判した。

こんな無理のある、いわゆる「住民投票」にロシアが踏み切った背景には、夏以降、ウクライナ側が反転攻勢に転じ、ロシア側がいったん支配下においた地域の一部を奪還し始めたことがある。九月に入り、ウクライナ東部に位置するハルキウやイジュームなどの重要都市が次々とウクライナ軍により奪還され解放される中で、このままでは多くの支配地域を奪い返されかねないと考えたプーチン大統領は、九月二一日に国民向けテレビ演説を行い、三〇万人ともされるロシアの予備役の「動員令」を発表した。それにあわせ、前日発表したウクライナ四州の支配地域における「住民投票」の意義を強調したのである。

「動員」と四州の併合

この三〇万人とも言われる新たなロシア人の「動員」と、「四州での住民投票」を国民に直接伝えた九月二一日のテレビ演説で、プーチン大統領は、西側諸国に対し、「ロシアがNATOよりも威力の大きな核兵器を持っていることを、改めて認識すべきだ。もし私たちロシアの領土の一体性が脅威にさらされたら、もちろん、我々はロシアとロシア人を守るために、あらゆる兵器を使う用意がある。これは決して言葉の威嚇ではない」と、あえて強調した。

モスクワで動員令についてテレビ演説するロシアのプーチン大統領（大統領府提供，ロシア・モスクワ）．2022 年 9 月 21 日，AFP＝時事

四日後の九月二五日、ロシアのラブロフ外相は、この住民投票を経てロシアに編入された地域を「完全保護下」におき、ロシアの法律や核兵器の使用に関する全てのドクトリンが適用されると、ニューヨークの国連本部での記者会見で明言した。そして九月三〇日、プーチン大統領は、この四州のロシアへの併合に署名。その署名式においてもプーチン大統領は、

「我々が持つあらゆる力・兵器をもって、我が領土を守る」とさらに力説したのである。

　この一連の動きと言動の意図は明らかである。ウクライナや、それを支援する西側諸国に対して、核兵器の脅威を具体的に示しつつ、その反転攻勢に待ったをかけようとしたということであろう。

　しかし、この四州についても、まだ四州全体を軍事的に支配できないまま住民投票を行い、支配できていない地域も含めロシア領としたことで、「どのラインからを、実質的にロシア領土とロシアが認定しているのか明らかでない」という粗雑さも見せている。元々プーチン大統領は、ウクライナ四州の全てを占領してから、いわゆる「住民投票」なるものを実施する思惑だったと報道されている。しかし、九月上旬から始まったウクライナ軍の反転攻勢で、それも難しくなり、かなり慌てての併合となった。

　他方ゼレンスキー大統領は、四州を併合すると署名したプーチン大統領を激しく批判し、「もはやプーチン大統領との対話はあり得ない。私は、プーチン大統領の後継者としか交渉しない」と述べた。これによって、ロシアとウクライナが交渉によって何らかの妥協をし、戦争を終結させる道はさらに遠のいたと言える。

核の恐怖と背中あわせの戦争

他方で高まっているのが、核をめぐるエスカレーションの危険である。ウクライナ南東部にあるザポリージャ原発は、二〇二二年春以降、ロシア軍が実効支配しつつ、ウクライナのオペレーターが運用するという極めて脆弱な状態が続いている。このザポリージャ原発をめぐっても大きな爆発や攻撃が度々あり、ロシアとウクライナが、「相手が行っている攻撃だ」と非難の応酬をしている。

そして一〇月八日、ロシア本土とクリミア半島をつなぐ「クリミア大橋」が爆破された。橋の一部が海に落ち、ロシアの民間人にも犠牲者が出て、ロシアにとっては兵站《へいたん》の維持の意味でも国家の威信にとっても、屈辱的な損害を受けた。これに対してロシアはザポリージャ原発周辺の住宅街にミサイル攻撃をかけ、ウクライナの住民一〇人以上が死亡した。

さらに一〇月一〇日には、首都キーウをはじめウクライナ全土の一〇を超える都市に対して、一斉にミサイル攻撃を再開した。四月以降、ロシア軍は基本的に東部と南部の占領地域の拡大に専念していたが、クリミア大橋の爆破という新たな事態を受け、プーチン大統領はこれを

「ウクライナによるロシア本土に対するテロ攻撃だ」と断定。圧倒的な報復をすると主張し、実際にウクライナの火力発電所などインフラ施設に対しても徹底的な攻撃を行い、ウクライナの発電能力の三分の一以上が失われたと報じられている。

このように、核兵器の使用と、ザポリージャ原発周辺へのミサイル攻撃、さらに、首都キーウも含めウクライナ全土へのミサイル攻撃が可能だということを示しながら、ロシアはウクライナと西側諸国に対して、「核の使用は本気である」というメッセージを送り続けている。そのことで、劣勢が伝えられる東部や南部での戦線をなんとか立て直し、併合地域をロシア領として確実にしたいという狙いであろう。

しかし何度も繰り返すように、広島・長崎以来、何とか人類が続けてきた「核兵器不使用」という規範が破られることは、パンドラの箱を開けることに他ならない。さらには、ロシアが仮に戦術核兵器を使った場合、それに対する西側の報復によっては、核兵器を伴った世界大戦に繋がるリスクが実際にある。

一〇月六日、米国のバイデン大統領は民主党の会合での演説で、「我々は今、一九六二年のキューバ危機以来の、ハルマゲドン(最終戦争)の危機に立っている。プーチンは冗談ではなく、本気で核兵器の使用を言及しているのだ。その際、どうすればハルマゲドンにならなくてすむのか、誰にも分からない」と危機感をあらわにした。そして「一体どうすれば、プーチン大統領が、その面子をつぶさず、政権も崩壊せず、しかしウクライナから撤退し、この戦争の出口を見つけることができるのか、日々、悩み苦闘している」と述べた。

これはバイデン大統領の、かなり率直な苦悩の吐露に見える。バイデン大統領が「プーチン体制が維持されている中でも、交渉による終戦を模索している」とあえて公の場で述べたことは注目に値するし、それだけ危機が現実的であることを示している。

迷走する「ロシアの目標」と戦争終結への見通し

私は二〇二二年夏、サウジアラビア、トルコ、ウクライナの隣国であるモルドバを約一か月かけて訪問し、現地で講演をしたり、調査をしたりする機会に恵まれた。トルコでは、イスタンブールのボアジチ大学のギュン・クット准教授(国際関係論)に、トルコから見たこの戦争の見通しや、プーチン大統領の最終的な目標などについて詳しく伺う機会があった。

クット准教授の分析で興味深かったのは、「プーチン大統領自身が、戦争の目的を既に見失

ボアジチ大学のギュン・クット准教授（トルコ・イスタンブール）．2022 年 9 月 5 日，著者撮影

っている」という観測だった。クット准教授は「プーチン大統領は当初、ゼレンスキー政権を瞬く間に崩壊させ、傀儡政権を樹立できると考えていました。それが困難と分かり、北部側から軍を撤退させた後は東部や南部の戦線も含め狙いが定まっていません。まさに「場当たり的」な対応に終始しています」と率直に語った。

　そのためクット准教授は、ウクライナ戦争の終結についても極めて悲観的であった。「戦争の目的が決まっていないから、止めようがない。かといって、ウクライナから完全撤退することはプーチン政権の存続を危うくするので、それもできない。他方、ウクライナ政府側は少なくとも二月二四日以降にロシア軍に侵攻された地域を、ロシアに譲ることはあり得ないでしょう。その意味では全く出口が見えない。一体何か月、何年続くのか見通しが立ちません」と辛そうに話してくれた。

　私自身も、クット准教授と同様、プーチン大統領がその座にいる限り、この戦争が長期化する可能性が極めて高いと見ている。プーチン大統領が採用した「部分的動員」（実際には幅広い動員）がロシア国内で大きな動揺を巻き起こし、二〇万人を超えるロシア人の国外脱出も続く中、西側諸国によるロシアへの経済制裁も重なり、「プーチン大統領失脚」のシナリオの可能性は、これまで以上に高くなっているようには見える。しかし専制主義国家は、反体制派を徹底して弾圧するため、後で見るように、経済制裁だけでは、なかなか政権崩壊までは至らない現実もあるのだ。

もちろん今回は経済制裁だけでなく、ロシアが隣国ウクライナの地で凄まじい大義なき疲弊戦を続け、かつ国民全体を対象にした動員も始めており、ロシア人一人一人にとって、この戦争はもう「他人事」ではない事態になった。その意味で、政権内部のクーデターや暗殺など含め、プーチン大統領の失脚や、プーチン政権が崩壊する可能性も否定はできない。

しかし、世界大戦にエスカレートするのを防ぐためには、そういったロシア国内での不測の事態だけに頼るわけにもいかないのである。プーチン大統領が存続する限り、結局は最終戦争に突き進むということでは人類全体が終わってしまう可能性すらある。

この現実を見据え、プーチン大統領のもとでどのような終結の方法があるのか外交的な模索を続けることは、どうしても必要である。また仮にプーチン大統領が失脚して他の大統領になったからといって、すぐに戦争が止まるとは限らない。後継者が戦争を継続する可能性も、十分にあるからだ。

だからこそ、プーチン政権が存続するケースや、途中で政権移譲が起きる場合の両方を見据えつつ、シナリオ(5)による「世界全体でロシアを説得し、ウクライナからまずは軍を撤退させる」外交的解決の可能性を模索することが極めて重要だと考える。たとえそれが難しい場合でも、最悪でも(4)の「世界経済圏の分離」や、(2)の「一時的な妥協はあるものの、ウクライナ国家は存続」によって世界大戦へのエスカレーションを回避していく努力を絶やさないことは、人類の存続のためには必要であろう。

こうした現実的な見通しに基づく粘り強い外交努力が、核戦争や世界大戦を防ぐためには不可欠だ。次章以降、ウクライナ戦争終結に向けた方向性と、その方策について具体的に見ていきたい。

第2章　これまでの戦争はどう終わってきたのか

——第二次世界大戦後

軍事的勝利か、和平調停か

私は、二〇〇九年末から二〇一〇年末の一年間、アフガニスタンの首都カブールで、国連政務官として勤務する機会があった。正確には、国連アフガニスタン支援ミッション(UNAMA)という政治的支援を任務とする組織で「和解・再統合チームリーダー」という役職に就き、当時のアフガン政権と反政府武装勢力だったタリバンとの和平交渉に向けた準備を進める、国連側の実務責任者だった。

当時は極端に治安が悪く、連日、自爆攻撃や市内での銃撃戦などが続く中、一体どのような形でタリバンとの和平交渉を目指していくのか、国連幹部やアフガン政府、米国の担当者たちと議論を繰り返していた。ある日、UNAMAの副代表だったドイツ人のウォルファング氏と二人で話していた際、彼が急に質問してきた。

「戦争が終わる時というのは、どういう時か分かっているかい?」

私が、答えに迷っていると、ウォルファング氏は次のように続けた。

「一つは軍事的勝利だ。これは、私の祖国ドイツも、あなたの祖国である日本も、第二次世界大戦で連合国側に敗北し、無条件降伏した。このように軍事的勝利で戦争が終わることも確かにある」

ただし、と言って、ウォルファング氏はもう一つの終わり方を話した。

「もう一つは、戦場ではなかなか決着がつかなくて、どちらかの一方的な軍事的勝利が望めない時だ。その場合、交渉と和平合意によって戦争を終結させる可能性が出てくる」

当時、アフガン政権もタリバンも軍事的な完全勝利は望めない状況であり、和平合意による停戦と平和の実現があり得る、という話だった。しかし実際には、二〇二一年、米軍がアフガンから撤退したのに伴い、タリバンが瞬く間に軍事的にアフガン全土を掌握し、二〇年におよぶ戦争は終結した。

国連政務官として三〇年近い経歴を持っていたウォルファング氏との会話は、それ以降、私が戦争を終わらせる方法を考える時の、一つの大事な視座になった。基本的に戦争という行為は、「軍事的勝利」か、「交渉による和平合意」しか、終わらせる方法はないのである。

今回のウクライナ戦争で問われるのは、果たして、ロシアに対する全面的な軍事的勝利というものが存在するかどうかである。つまり第二次世界大戦でドイツや日本、イタリアが行ったような「無条件降伏」という形でロシアが敗戦を認め降伏するようなことが、現在、ロシアが六〇〇〇発程度の核兵器を保有している状況で、実際にあり得るかという問題がある(核兵器の数のデータは、ストックホルム国際平和研究所による)。

もちろん、「ロシアが核兵器を大量に保有しているから、ロシアが軍事的に勝利する」と主張しているのでは全くない。むしろ、第二次世界大戦以降、大国が小国に軍事的に侵攻し、自らにとって都合がよい傀儡政権を維持したり、新たにそういった傀儡政権を作ろうとしたりした試みは、ほとんど失敗に終わっている。そして最後は、「大国の軍隊が撤収する」ことで戦争が終結しているケースがほとんどなのである。

逆に言えば、侵攻された側は、とにかく大国に軍を撤収させることを目標にして抵抗を続け、最終的には軍の撤収を勝ち取って、勝利を得ている例が多い。このことは、ウクライナ戦争の終結に向けても、大きな示唆を与えている。

大国が侵攻した時——軍事介入とベトナム戦争

右の議論の前提には、第二次世界大戦後、「民族自決」と「植民地支配の否定」が広く国際的な規範になり、大国が軍事侵攻によって他国に攻め入り傀儡政権を作ろうとしても、実際にはほとんど不可能になっている現実がある。

例えばフランスは、第二次世界大戦後、インドシナ半島において植民地を維持しようとしてベトナムと戦争を行ったが、一九五四年に大敗北を喫し、植民地支配そのものを断念した。同じように、アルジェリアでも反植民地闘争に立ち上がったアルジェリアの人々と泥沼の戦いを続けたが、一九六二年に最終的には敗北し、撤退を余儀なくされた。一九六〇年以降、アフリカの植民地も次々と独立し、むき出しの「植民地主義」を掲げた植民地の維持は、英国やフランスなど大国にとっても、ごく一部の例外を除き困難になった。

また米国は、一九六五年、親米政権だった南ベトナム政権を維持するために、地上軍による軍事介入を始めた。米軍は、北ベトナムと南ベトナムの統一を目指して戦う「南ベトナム解放民族戦線」(「解放戦線」)と激しく地上戦を戦い、また解放戦線を支援する北ベトナムに対する徹底した空爆を開始した。八年におよぶ、米国のベトナムへの軍事介入の始まりだった。

一九五四年にフランスがベトナムから撤退した後、ソ連や中国が支援する北ベトナムと、米国が支援する南ベトナムは、別々に独立国となった。しかし、南ベトナムの腐敗と人民弾圧への批判が高まる中、解放戦線が、南ベトナム政府打倒と北ベトナムとの統一を目指して戦闘を開始。南ベトナム政府は軍事的に常に劣勢であり、政権の崩壊は時間の問題だった。これを防ぎ、南ベトナムの親米政権(北ベトナムはこれを傀儡政権と呼んだ)の崩壊を防ぐために米国が南ベトナムに軍事介入し、いわゆる「ベトナム戦争」が勃発したのである。

米軍による攻撃は熾烈を極めたが、これに対して解放戦線側も懸命に抵抗。また米軍は、第二次世界大戦の全消費量の二倍ともいわれる爆弾を、北ベトナムに投下し、徹底した破壊により、北ベトナムの解放戦線を支援する意思を挫こうとした。

この激しい地上戦と空爆により、米軍が撤退した一九七三年までに、米軍側が六万五〇〇〇人、ベトナム側は実に三〇〇万人もの死者を出したと言われる。一九四五年以降の戦争としては、犠牲者の数では圧倒的であり、まさに究極の消耗戦、疲弊戦であった。

最終的には、ベトナムにおける米軍の被害の大きさ、ベトナム人の被害に対する国際的な批判の高まり、そして米国内での反戦運動が激しくなる中、米国は、北ベトナムとの和平交渉の開始に踏み切る。この、いわゆるパリ和平交渉には、ベトナム解放戦線、南ベトナム政府も参加した。交渉の後、一九七三年一月、ベトナム戦争に関する「パリ和平協定」が、米国と北ベトナム、南ベトナム、解放戦線の四者によって調印された。

パリ和平協定により、停戦と米国の撤退が約束された。それに付随する形で、南ベトナムの政治的対立の解決や、捕虜の相互交換などが和平協定に盛り込まれた。しかし最も重要な取り決めは、「米軍がベトナムから即時撤退し、北爆もやめる」ということであった。

パリ和平協定調印の様子（フランス・パリ）．1973年1月27日，AFP＝時事

実際、このパリ和平協定に従い一九七三年三月に米軍はベトナムから完全撤退し、米国のベトナムへの軍事介入は終わった。その後、北ベトナムと解放戦線は南ベトナム政府を軍事的に打倒し、一九七五年四月にベトナムは統一され、遂にベトナム戦争自体が終結したのである。
このように、世界最大の軍事大国・経済大国である米国でさえ、植民地から独立したばかりの北ベトナムという小国相手に、徹底した破壊と消耗戦を行いながら、最終的には撤退せざるを得なくなったことは世界全体に大きな衝撃を与えた。

そして、大国が軍事力で傀儡政権（もしくは親和政権）を維持することがいかに難しいか、その事実でもって世界に知らしめたのである。

ベトナムは統一されたが、皮肉にも、米国が恐れ軍事介入の根拠になっていた東南アジアにおいて共産主義国家が広まるという、いわゆる「ドミノ倒し」は、ベトナム戦争終結後も全く起こらなかった。一九八六年からベトナムは、「ドイモイ」と呼ばれる市場経済の導入を開始し、急激な経済発展を始める。一九九五年に米国とベトナムは国交を回復。今もベトナムは、ベトナム共産党独裁による非民主主義国家ではあるが、市場経済による経済発展と共に、多くの米国企業が進出している。またベトナムは、中国の南シナ海への進出に対抗するための米国の重要なパートナーになっている。こうした経緯も、誤った認識による軍事介入の罪の深さを物語っている。

ベトナム戦争の教訓——戦争終結の難しさ

私は一九九八年に、NHKのディレクターとして「我々はなぜ戦争をしたのか——ベトナム戦争・敵との対話」という番組を制作した経験がある。その際、ベトナム戦争を始めたときの米国の国防長官だったロバート・マクナマラ氏や、北ベトナム側の和平交渉を指揮したチャン・クワンコ外務次官など数多くの北ベトナム側高官にインタビューする機会があった。

実は一九九七年に、米国とベトナムの戦争当時の指導者が「どうすればベトナム戦争を防ぎ、もっと早く終結させることができたのか」を議論するためにハノイに集まり、三日間におよぶ対話を行った。その歴史的対話の中でマクナマラ元国防長官は「一九七三年のパリ和平協定と同じ合意内容を、私自身が主導していた一九六七年の秘密和平交渉でも結べたはずだ」と何度も主張した。これに対して北ベトナム側は「空爆が続く中で、米国の和平交渉への呼びかけなど断じて信用できず、応じられなかった」と主張し、真っ向から意見が対立した。

私のインタビューでもマクナマラ氏は「今でも、なぜ北ベトナムが、一九六七年段階で交渉に応じなかったのか分からない。爆弾を落とされていたって、交渉はできるじゃないか」と述懐していた。他方、チャン・クワンコ元外務次官は「対話の三日目、マクナマラ氏に、「爆撃で殺されているベトナム人の命に関心がないから、北ベトナム側は交渉に応じなかったのではないか」と問われ、私は怒りに震えました。爆弾を落としていたのは、まさにその米国であり、指示を出していたのはマクナマラ氏本人だったからです。これを聞いた時、対話をしても相手に通じないことも世の中にはあると私は思いました。それでも、理解をするためには対話を続けなければならないと私は思ったのです」と思いを語っていた(東大作『我々はなぜ戦争をしたのか――米国・ベトナム　敵との対話』岩波書店、後に平凡社ライブラリー参照)。

右の話も、一度戦争を開始したら、いかにそれを終結させるのが難しいかを象徴的に示している。米国による空爆が続く中、一九六七年段階での秘密交渉は失敗。米軍はさらに五年におよぶ消耗戦を行った末に、撤退を決断した。それが、両者あわせて三〇〇万人以上の命を奪った、この戦争の結末であった。

ソ連によるアフガン侵攻

米国が、いわゆる「ベトナム・シンドローム」(後遺症)によって外国への本格的な軍事介入をしばらくやめていた時、今度は、ロシアの前身であるソ連が一九七九年にアフガンに軍事侵攻した。それまで、平和で世俗的な社会を保ってきたアフガンは、このソ連軍の侵攻をきっかけに、四〇年におよぶ内戦と紛争に苦しめられることになる。

当時、アフガンは共産主義政党が政権を握っていたが、これがクーデターで転覆されると恐れたソ連が、数日で終わると考えてアフガンに軍事侵攻したのが始まりだった。侵攻によって新たにソ連の傀儡的な政権を樹立しようとしたが、これに対してアフガンの人々は一斉に立ち上がり、ゲリラ戦による抵抗を開始した。やがて、世界各地から集まったイスラム教徒、いわゆる「聖戦の兵士」も加わり、ソ連は一〇年もの間、泥沼の戦いを余儀なくされた。地方でのゲリラ戦に苦しめられ、一〇年間でソ連軍は、アフガンで一万五〇〇〇人もの犠牲者を出したとされる。

最終的に一九八八年四月、ソ連、アフガン、パキスタン、米国の外相がジュネーブに集まり、和平のための合意文書を締結。和平合意はアフガンとパキスタンの相互不干渉や、難民の自主的帰還に向けた協定などを含んでいた。しかし、最大のポイントは、「ソ連軍のアフガンからの撤退」が明示されたことであった。この合意のあと、ソ連軍は段階的にアフガンからの撤収を始め、一九八九年二月に全軍の撤収が完了。一〇年におよぶソ連とアフガンの泥沼の戦争は終わった。

アメリカのアフガン軍事介入

ソ連撤退後、アフガン人勢力同士の内戦が始まったが、一九九四年に勃興したイスラム主義組織タリバンが一九九六年に首都カブールを制圧。一九九九年にはアフガン全土の九割を支配するにおよんだ。

このタリバン政権に対し、今度は米国が、二〇〇一年に起きた九・一一攻撃を実施したアルカイダが、アフガンに拠点を持っているという理由で同年一〇月に軍事介入し、タリバン政権を崩壊させた。二〇〇一年末には、米国や国際社会の支援を受けたカルザイ暫定政権が発足した。それから数年は治安もよく、国づくりは順調に進むかに見えた。

米国の軍事介入後の二〇〇二年、パキスタン側に逃れたタリバン指導部から、カルザイ政権に対して対話と和解への申し出があった。しかし当時の米ブッシュ政権は拒否。これを受けてタリバンは、二〇〇三年頃から軍事力を再編し、アフガンの奪還を目指すことになった。

二〇〇三年に米国がイラクに軍事侵攻し、イラクでも反米勢力との泥沼の戦いが始まる中、二〇〇五年以降、タリバンはアフガンで急速に支配地域を拡大した。二〇〇八年には、本拠地である南部や東部の約七割の領土を支配下においた。米軍とアフガン軍の劣勢を回復するため、米国は二〇一〇年までにアフガン駐留米軍を一〇万人にまで増派したが、状況は好転しなかった。「タリバンとの和解しかない」という気運が国際的にもアフガン国内でも高まる中、二〇一〇年末、アフガン政府は米国や国際社会の承認を得て「アフガン高等和平評議会」を発足させ、タリバンとの和平交渉に向けた努力を開始した。

その後、米国とタリバン、アフガン政府、タリバンを支援していると見られたパキスタンの間で、何度か対話が始まっては、すぐに頓挫することが繰り返された。そのため和平交渉は何の成果もないまま八年間が浪費された。その間、米軍は次第にその負担に耐えかね、アフガン駐留軍を大幅に減らし、二〇一六年には米軍は約一万人まで削減された。

一方タリバンはアフガンにおける支配地域を大きく拡大し、この頃にはアフガン全土の七割近くを実効支配するにおよんだ。この状況を受け、二〇一八年一〇月、米トランプ大統領がタリバン側が求めていた米国とタリバンの二者による協議を受け入れることを決断。仲介役になったカタールの首都ドーハを舞台に、一〇回以上におよぶ継続的な和平交渉が、米国とタリバンの間で行われた。その結果、二〇二〇年二月末、米国とタリバンの間で政治合意が調印された。

和平合意に調印し，握手する米国のハリルザド・アフガン和平担当特別代表(左)とタリバンのバラダル幹部(カタール・ドーハ)．2020年2月29日，EPA＝時事

この政治合意には「米軍が一四か月でアフガンから撤退する」ことが明記され、その代わりタリバンは「アフガンを再び、アルカイダなど国際テロ組織の拠点にしないために最善の努力をする」ことが約束された。加えてアフガン政府側の捕虜一〇〇〇人と、タリバン側の捕虜五〇〇〇人の交換なども盛り込まれた。ここでも、タリバンが主張し続けた「米軍のアフガンからの完全撤退」を米国が約束したことが、この合意の最大の眼目であった。

その年一一月の米国大統領選挙でトランプ氏が敗れ、バイデン政権が誕生した。バイデン大統領が、トランプ政権が締結したタリバンとの合意を維持するかが注目されたが、二〇二一年四月、バイデン大統領は「(一四か月後にあたる)二〇二一年五月には撤退しないが、二〇二一年八月末までに、どんな状況になっても、とにかくアフガンから完全撤退する」と明言した。

アフガンへの軍事介入から既に二〇年。米軍は、二四〇〇人以上の兵士が命を落とし、二〇〇兆円ものお金をつぎ込んでいた。「アフガンでの戦争に、これ以上米国は耐えられない」というのが、共和党政権、民主党政権が共に下した判断だった。

八月末の完全撤収に向けて米軍が撤退を進める中、タリバンは八月初頭から、それまで控えていた全国三四州の州都に対する一斉攻撃を開始。いくつかの州では数日間、旧アフガン政府軍が抵抗したが、すぐにタリバンに降伏した。その後は、アフガン全ての州が、自主的にタリバンに降伏し、タリバンは八月一五日、カブールを取り囲んだ。これを見てアフガン政府のガーニ大統領が、カブールから海外へ逃避。一六日にカブールは無血開城され、タリバンが制圧し、二〇年にわたるアフガン戦争も、遂に終結を迎えた（東大作「アフガン政権崩壊——失敗の教訓と平和作りへの課題」等参照）。

その後タリバンはアフガン全土を掌握し、タリバンの内政への批判はある一方、アフガン国内での治安自体は急激に回復している。誘惑や強盗、殺人などの一般犯罪も激減し、アフガン全土で支援活動が可能になっていることを、国連食糧農業機関（FAO）や国連開発計画（UNDP）など、多くの国際機関が認めている。

このように、二五万人以上のアフガンの軍人や民間人が犠牲になったと推定される、米国の軍事介入から二〇年におよんだアフガン戦争は、結局、米軍の撤退によって、終結を迎えたのである。

イラクへの侵攻とその後

また二〇〇三年に米国は、イラクに対して「化学兵器や生物兵器など大量破壊兵器をフセイン政権が保有している」という理由で、英国など有志連合と共に軍事侵攻した。

この攻撃の前に米国や英国は、国連安保理で軍事攻撃を容認する決議をとろうとしたが、証拠が不十分と見る国が多く、安保理決議をとれないまま軍事介入に踏み切った。介入後、大量破壊兵器は見つからず、この軍事侵攻は当時のアナン国連事務総長でさえ「国際法違反だった」と主張した。

その後、占領統治の失敗で宗派間の対立が激化し、二〇〇六年にイラクは内戦に突入。一度は収まる気配を見せたが、二〇一二年以降ＩＳＩＳ（いわゆる「イスラム国」）が急拡大し、一時期はイラクの三分の一を支配した。その後、再度米軍が介入し、イランなどもイラクへ派兵してＩＳＩＳの支配地域は縮小したものの、この二〇年間で五〇万人以上が戦闘で犠牲になるという悲惨な歴史を、イラク人は経験した。

政治的にも、二〇二一年一〇月に国政選挙がありながら、一年たっても組閣ができないという極めて不安定な状況が続いており、政治体制の維持そのものが危うくなっている。しかし、米国はイラクでの米軍の駐留の負担が重く、二〇二二年末までに、軍のほとんどを撤収させた。

またイラクでは二〇〇五年から民主的な選挙で政権を選ぶようになったため、イラク人の七割を占めるシーア派の政党が実権を握るようになった。これにより、米国が敵視し、シーア派の大国であるイランと極めて親しい政権が、イラクに樹立されるようになった。つまり、米軍のイラクへの軍事介入で、結果的には、米国が敵国と見なすイランに極めて近い政権がイラクで樹立されることになってしまったのである（東大作『内戦と和平――現代戦争をどう終わらせるか』中公新書参照）。

このように、米国が軍事侵攻前に描いていたイラクに親米政権を作る思惑は大きく外れ、かつ甚大な被害をイラクの人々に与えてしまった。米国のような超大国でさえ、軍事介入によって思い描いていた政権を作ることがいかに難しいか、イラクのケースもまた如実に示している。

侵攻を受けた側の戦略

経済的にも軍事的にも世界最大の超大国で、最新兵器によって十分に装備された軍隊を持つ大国であっても、軍事的に他国を侵攻し、その大国にとって親和的な(もしくは傀儡的な)政権を作ることは、「民族自決」と「反植民地主義」の規範が圧倒的になった現代の世界では極めて困難になった。ベトナム、アフガン、イラクなどの例は、そのことを明確に物語っている。

他方、ベトナムでもアフガンでも、大国の侵攻に抵抗する側は徹底して「大国の軍を自分たちの国から撤退させる」ことを目標に戦いを続けた。それは「民族自決」や「反植民地主義」が、多くの国にとって当然の約束事(規範)になった現代において、その規範に沿った戦略であり、世界中の多くの国々の理解や支持も得やすい。

逆に言えば、ベトナムが米国と戦った際も、アフガンがソ連と戦った際も、基本的には「大国の軍の撤退」だけを目標にして戦争を終結させた。そして、ベトナムが米国本土に攻撃を行ったり、アフガン側がソ連領土、もしくは米国本土に攻撃を行ったりすることは避け続けた。これが、小国が大国の侵攻に抵抗する際の、ある意味での鉄則になっている。そのことによって国際的な支持と同情を集めつつ、侵攻した大国国内での反戦運動を高め終戦に持ち込むという戦略であった。

ベトナム戦争におけるベトナム側の最高司令官だったボー・グエン・ザップ将軍に話を聞いた際、彼は「ベトナム戦争は、米国の侵略に最後まで戦ったベトナム人民の勝利でした。同時に、米国内でベトナム戦争に反対してくれた全てのアメリカ人にとっての勝利でもあったのです」と力説した。まさに、侵攻する側に大義がないことを世界に示しつつ、大国本土への攻撃は控え、大国内での市民の反戦への動きを高めることで軍を撤退させるのが、侵攻を受けた側の一貫した戦略だったのである。

そのことは、戦争犯罪についてもいえる。ベトナムにおいては、枯葉剤の使用によって数えきれないベトナムの民間人が犠牲になり、一生の後遺症に悩まされることになった。他にも空爆による民間人への被害は数知れない。ソ連によるアフガン侵攻の際も多くの民間人が犠牲になり、戦争犯罪とされる例は数限りなく起きたと報じられている。しかし、ベトナムやアフガンは、大国が軍を撤収させて終戦に持ち込むことに専念し、最終的にその目標を達成した。

もしベトナムが、「米軍の戦争犯罪の裁きが終わるまで戦争を終結しない」と要求した場合、米国はベトナム戦争を終結できなかったであろう。それは、アフガン側の、ソ連や米国に対する対応でも同じであった。

和平交渉や和平合意の役割

このように、「民族自決」や「反植民地主義」が国際的に浸透した今、大国に侵攻された側の小国は、大国の軍の撤退を求めることで戦争に勝利し、目標を達成してきた。しかしここで気を付けるべきは、それでも大国の撤収が起きる前に、何らかの和平交渉と和平合意が必要だったという点である。

既述したように、米国と北ベトナムは秘密裏にパリ和平交渉を進め、最終的に一九七三年一月にパリ和平協定が発表され、それに基づいて米軍はベトナムからの撤退を行った。ソ連がアフガンに侵攻した際は、一九八八年四月にジュネーブ合意が締結され、これに従ってソ連軍の撤退も実施された。米国がアフガンに軍事介入した際は、最終的に二〇二〇年二月の米国とタリバンの政治合意によって、米軍の撤退が決まった。

このように大国が侵攻した国から撤退する際には、何らかの政治的合意を結び、ある意味で面子を保った形で軍の撤退をしている。もちろん実際には、米国がベトナムから撤退した二年後には北ベトナムは南を統一した。またタリバンも米国が撤退したその月に、アフガン全土を掌握した。それでも、何らかの和平合意や政治合意があってから大国が撤退を行っていることは、歴史の教訓として留意する必要がある。

歴史に鑑みれば、ゼレンスキー大統領が開戦当初言い続けていた「全ての戦争は、交渉によって終わっている。私もロシアとの交渉を拒否しない」という考えは正しいのである。

私も最終的には、ロシア軍がウクライナから撤退することが、終戦への道であり、それを日本も含めた国際社会全体の目標にすべきだと考えている。そして、大国が撤退するときは何らかの「和平合意」か「政治合意」が必要なケースが多いことは、歴史の大事な教訓である。これを踏まえ、ウクライナ戦争の終結の方法も模索する必要がある。ある日いきなり大国の軍隊が一気に徹退して、それで戦争が終わるというほど単純でない場合が多いのだ。

シリアへの軍事介入の「誤った教訓」

これまでの経験を見れば、ロシアがウクライナに傀儡政権を樹立しようとしても、困難なことは自明なはずである。ではなぜプーチン大統領は、多くのロシア専門家が「何の利益もなくあり得ない」と予測していたウクライナ侵攻にあえて踏み切ったのか。

その一つの要因として、プーチン大統領が、ロシアのシリアへの軍事介入の経験から「間違った教訓」を得た可能性はある。二〇一一年にシリアで民主化を求める平和的デモが起きたが、アサド政権が徹底した弾圧を加え、その結果、反政府側とアサド政権による泥沼の内戦となった。アサド政権は退潮を続け、二〇一五年半ばにはシリア領土の三分の一程度にしか支配地域がおよばず、残り三分の一を反体制派が、あとの三分の一をISISが支配した。ここでロシアは、支援しているアサド政権から要請を受ける形で、二〇一五年九月から空爆と地上軍による圧倒的な軍事介入に踏み切った。

ロシアの軍事介入の結果、シリアの戦況は劇的に変化し、アサド政権が領土を急激に回復した。二〇二二年末現在、北部のイドリブだけが、ロシアとトルコの停戦監視団が展開するなかで、反体制派の拠点としてかろうじて残されている。それ以外の地域は、クルド人が支配する北東部を例外に、アサド政権が領土の七割以上を回復した(前掲『内戦と和平』参照)。

ロシアのシリアへの軍事介入には、ロシア正規軍だけでなく「ワグネル」と呼ばれるロシアの民間軍事会社（PMC）も参加し、アサド政権の失地回復に大きく寄与したと言われる（廣瀬陽子『ハイブリッド戦争――ロシアの新しい国家戦略』講談社現代新書等参照）。ワグネルなどロシアの民間軍事会社は、アフリカの多くの国々でも政府側の支援に関わっているとされ、アフリカ諸国でロシアのウクライナ侵攻を真っ向から批判する国が少ない一つの要因にもなっている。

このシリアでの経験をプーチン大統領が「成功」と考え、ウクライナにも適用できると考えた可能性はある。他にも、二〇〇八年のジョージア侵攻によって、南オセチアとアブハジア地域を占領し、現在も実効支配を続けている。また、二〇一四年のクリミア併合後も、西側から経済制裁を受けたものの次第に既成事実化したことなどから、プーチン大統領は「ウクライナ全土に侵攻し、最初は制裁を科されても、いずれは既成事実化する」と見誤った可能性は十分ある。

しかしその見通しは完全に外れた。ウクライナの人々とウクライナ政権は一方的な軍事侵攻に対して敢然と立ち向かい、米国をはじめとする西側の軍事支援も受けて、ロシア軍に徹底抗戦した。開戦一か月で、ウクライナ全土を制圧するプーチン大統領のシナリオは崩れた。

現在、東部と南部の四州の一部をロシアは実効支配し、二〇二二年九月には「併合」を宣言したが、今後もウクライナが反撃を続ける中でどこまで維持できるか分からない。しかし、既に四州を「ロシア領土に併合した」としているため、その支配が危うくなった時、ロシアが核兵器を使用するリスクは常にある。その意味で世界は、ウクライナを舞台に、極めて危険な綱渡りを今後も続けていくことになる。

では、ウクライナ戦争において、一体だれが和平調停を行い、どう交渉を進めればよいのか。次章では、ウクライナ戦争におけるこれまでの和平調停への試みと、その困難について見ていきたい。特にまだあまり知られていない、開戦から一か月後に行われたウクライナとロシアの和平交渉において、双方が合意にかなり近づいた現実と、それが破綻していった経緯を詳しく検証していく。

第3章　和平調停・仲介の動き

国連への期待と限界

先の章で見たように、ウクライナ戦争において仮にロシア軍がウクライナから撤退することになったとしても、何らかの交渉が必要になる可能性が高い。では、一体だれがウクライナ戦争の和平調停を行うのか？

多くの人が国連に期待すると思う。だが実際には、戦争が始まった後の和平交渉では、紛争当事者を支援しているグローバルな大国や周辺諸国が本気になって戦争を止めようとし、双方の紛争当事者に対して説得を行う必要がある。それがなければ、国連の調停だけでは、なかなか戦争が終わらない現実がある。

中東における内戦で頻繁に見られるように、「国連特使による仲介努力を歓迎する」と紛争当事者を支援するグローバルな大国や周辺国が表明しつつ、実際には自らが応援する側を軍事的に勝利させるため徹底した軍事支援・財政支援を続ける場合、戦争は一向に終わらない。むしろ、「国連の仲介を歓迎する」と表明することで、戦争自体には反対しているというカムフラージュに国連が使われてしまうことが多々ある。私はこれを「国連の濫用」と呼んでいる。

例えばシリアでは、アサド政権を支援するロシアとイランが徹底した軍事介入を続け、他方、反体制派に向けてサウジアラビアやカタール、ＵＡＥ、トルコ、ヨーロッパ連合（ＥＵ）、米国などが、財政的・軍事的な支援を続けた。そうした関係国は「国連の仲介を歓迎する」としつつ、実際には紛争当事国への徹底した支援を続けたのである。その結果、一〇年間で五〇万人を超える死者や六五〇万人を超える難民を出す二一世紀最大の惨事になってしまった。そして国連の調停は成果をあげないまま、今日を迎えている。

他方、大国や周辺国の和平調停により合意と停戦が実現し、持続的な平和を目指す活動、いわゆる「平和構築活動」が始まる段階では、国連が国連ＰＫＯ部隊などを派遣して、より主導的な役割を果たすことは頻繁にある。冷戦終結後、カンボジア、東ティモール、シエラレオネ、リベリア、コートジボワールなど多くの紛争後の国に、国連ＰＫＯミッション（国連ＰＫＯ部隊や国連文民スタッフが共に活動する）が派遣され、持続的な平和の確立が確認された後、国連ＰＫＯミッションを撤退させることに成功した。右にあげたような国々は、統治に色々な課題を抱えているものの、国連ＰＫＯミッションの撤退後も紛争が再発することはなく、現在を迎えている。

このように国連は、紛争後の「平和構築」の段階では主導的な役割を果たすことも頻繁にあり、一定の成功も収めてきた。しかし軍事紛争がまだ続いている「和平調停」の段階では、国連が果たせる役割は、かなり限られていることを認識する必要がある。

大国や周辺国の力(レバレッジ)

その理由は、国連スタッフに和平調停の能力が欠如しているというよりも、紛争当事者を支援している大国や周辺諸国が本気で説得しないと、紛争当事者が耳を傾けない現実がある。逆に言えば、紛争当事者を支援している大国や周辺国は、戦争の終結に向けて紛争当事者を説得する力、いわゆる「レバレッジ」を持っている。レバレッジは、日本語で「てこの力」と訳されるが、むしろ相手を説得する力、というニュアンスが強い。

例えば、二〇一一年に独立したものの、二〇一三年から断続的に大統領側と副大統領側の軍事衝突が続いてきた南スーダンでは、二〇一七年末から東アフリカの国々が戦闘終結に向けての和平調停を再度始めた。最後は、キール大統領を支援してきたウガンダと、マチャール副大統領を支援してきたスーダンが一緒になり、膝を突き合わせて双方の紛争当事者を説得し、二〇一八年九月に和平合意を実現させた。その和平合意の実施は紆余曲折を経ながら今も続いており、二〇二二年に国民和解暫定政権が発足、停戦も維持されている。そして日本は、この東アフリカの国々の地域機構である、政府間開発機構(IGAD)による和平調停を、ずっと財政的に支援してきた。

このように、紛争当事国を実際に軍事的・財政的に支援している国同士が、終戦に向けて一定の目標を共有し、共に紛争当事者に働きかけたときに初めて、和平合意の可能性が出てくる。

紛争当事者を支援する大国や周辺国が、紛争当事者に対して戦争終結に向けて働きかけを行うのと並行して、それとは別途、対話の促進者(ファシリテーター)に徹する役割を果たす国や組織が現れることもある。二〇一八年一〇月から始まった米国とタリバンの一年半におよぶ和平交渉においては、カタールが一貫してその役割を担った。カタール政府は交渉の内容には口を出さず、米国とタリバンが安全を確保しつつ対話を継続できる環境作りに専念することで、固有の役割を果たした。

また、コロンビア政府とコロンビア革命軍(FARC)の和平交渉においては、交渉の場所をキューバが提供し、交渉当事者が集まるための支援はノルウェーが受け持った。ノルウェーもキューバも交渉の中身にはあまり口を出さず、対話のファシリテーターに徹した。その結果、二〇一六年に和平合意が締結され、その後は国連がコロンビアに「国連特別監視ミッション」を派遣し、その和平合意の実施を支援している(前掲『内戦と和平』参照)。

このように、「紛争当事者の対話を仲介する国」と、「紛争当事者を説得する国」が、必ずしも同じでない場合もある。また国連が最初は役割を担わなくても、和平合意を履行する中で、より大きな役割を果たすこともある。このあたりは、個別の戦争の特質にあわせて、柔軟な対応が必要になる。

レバレッジを持つ米国と中国

ではロシアとウクライナが紛争当事者であるウクライナ戦争では、どこが最も大きな説得力(レバレッジ)を持っているだろうか。ウクライナに対して説得力を持っているのは、間違いなく、膨大な軍事・財政支援をしている米国である。続いて西側諸国、特にNATOの国々である。

他方、ロシアに対して最大のレバレッジを持っているのは、ロシアの石油やガスを買い続けており、国連安保理のロシア非難決議でも棄権を続けている中国であることは間違いない。「安保理におけるロシアの同盟国」とも言える中国が、ロシアの侵攻に反対してガスや石油を買わなくなった場合、ロシアへの打撃は極めて大きい。その分、ロシアも中国の話には、ある程度耳を傾けざるを得ない。

このように、今回のウクライナ戦争でロシアとウクライナという紛争当事国へのレバレッジを持っているのは、米国と中国である。その一方、対話を実際に仲介できる国や組織はどこであろうか。

開戦直後の和平交渉とトルコ

ロシアのウクライナ侵攻が始まった二〇二二年二月二四日の後、比較的早く、ウクライナとロシアの間で和平交渉が始まった。当初はロシア側もウクライナのゼレンスキー大統領も「交渉によって早期に戦争を終結させる」ことに、少なくとも形の上では、前向きな姿勢を示していたのである。ゼレンスキー大統領は「戦争は交渉によってしか終結しない。自分はいつでもプーチン大統領との直接会談に臨む用意がある」と、当時メディアを通じて繰り返し語っていた。

二月二四日にロシアのウクライナ侵攻が始まり、わずか四日後の二月二八日、お互いの隣国ベラルーシの近くでロシアとウクライナの交渉団の最初の交渉が始まった。ウクライナ側は、即時停戦とロシア軍の撤退を求めた。その後、三月三日、三月七日にも交渉がベラルーシとウクライナの国境近くであったが、三月一〇日の四回目の交渉から場所をトルコに移し、トルコが本格的な和平調停に乗り出した。トルコのチャブシオール外相の仲介のもと、ロシアのラブロフ外相とウクライナのクレバ外相が同席し、侵攻後、最初の外相同士の対話となった。

そして、三月一四日のオンラインによる交渉で「一五項目におよぶ和平合意案」が議論された、とイギリスのファイナンシャル・タイムズ紙が大きく報じた。その内容について、ウクライナ側の交渉代表団の一人であるポドリャック大統領顧問は、ファイナンシャル・タイムズ紙に対して、一五項目の中には、ウクライナ側の以下のような提案が含まれるとした。

●ロシア軍が、二月二四日に侵攻を始めたラインまで撤退し、戦闘を停止すること。
●ウクライナは、NATOには加盟せず、ウクライナ領内に他国の軍隊の駐留も認めない。

●NATOに代わる、新たな安全保障の枠組みを作る。
●(二〇一四年にロシアが編入した)クリミア半島の帰属と、東部のドンバス地域の一部の扱いについては、別途協議する。

ウクライナ政府内で強硬派と言われるポドリャック大統領顧問が、この三月中旬の段階では「ロシア軍の二月二四日ラインまでの撤退」と、「クリミア半島と、ドンバス地域の一部(二月二四日前に親ロシア派が実効支配していた地域)については、別途協議する」という内容を、ウクライナ側の提案だと明言していたことは注目に値する。またロシア側の交渉メンバーの一人は、ファイナンシャル・タイムズ紙に対し匿名で「双方共に、「勝利した」と国民に言える必要がある。この提案なら、プーチン氏は「我々はウクライナがNATOに入ることを阻止し、ウクライナに外国の基地やミサイルが配備されるのを止めたかった。その目的は達成できた」と言うことができる」と話し、ウクライナ側の提案を高く評価した。

イスタンブールで行われたロシアとウクライナの停戦交渉の会場で，あいさつするトルコのエルドアン大統領（ウクライナ大統領府提供）．2022年3月29日，AFP＝時事

近づいた和平合意

そして三月二九日、トルコの中心都市イスタンブールで、トルコ仲介のもとウクライナとロシアの交渉団がこの一五項目案を協議するため対面し、交渉を行った。この日の会談が、今思えば、開戦直後の段階でウクライナとロシアの両者が停戦と終戦に向けて、最も近づいた日であった。

この日、ウクライナ側は改めて停戦に向けた和平案を提示し、その内容を大統領府のウェブサイトで直ちに公表した。その中には、以下の内容をウクライナがロシア側に提案したことが明記されている。

●新たな安全保障の枠組みを作り、そこに国連安保理の常任理事国である米国、イギリス、フランス、中国、ロシア、さらにトルコ、ドイツ、カナダ、イタリア、ポーランド、イスラエルなどが、保証国として参加する。保証国は、ウクライナが攻撃された時は、ウクライナへの軍事的支援を行う。

- これが実現したら、ウクライナは(NATOも含め)軍事的同盟にも参加せず、外国の軍事基地も置かず、永久的な中立国になり、かつ核兵器も保有しない。
- クリミア半島については、一五年かけてロシアとウクライナで別途協議する。この間、ロシアとウクライナは、軍事的な手段でクリミア問題を解決しようとしない。
- (東部の)ドネツク州とルハンスク州の一部の区域(親ロシア派が実効支配していた地域)についての協議も、別途行う。

このようにウクライナ側は、三月二九日の交渉の段階では、二月二四日にロシアが侵攻を始める前のラインまでロシア軍が撤退することを前提に、「ロシアも含めた新たな安全保障の枠組み」、「NATOに加盟せず、外国の基地もウクライナ領内に置かない」、「クリミア半島の帰属は一五年かけて協議」、「ドネツク州とルハンスク州の親ロシア派の実効支配地域も別途協議」という、極めて現実的な和平案を提案していた。

これに対してロシア側も、好意的に反応した。イギリスの公共放送BBCの三月三〇日の報道によれば、ロシアのフォミン国防次官は「ウクライナの中立化と非核というロシアの二つの懸念について、交渉で進展があった」と述べた。そして「交渉の進展を受け、相互の信頼醸成のため、キーウ周辺でのロシア軍の攻撃を劇的に減らす」と明言した。これを受けBBCは、「キーウ周辺での戦闘レベルの低下は、和平交渉が生んだ、初めてのよい兆候だ」と解説した。

この後、実際にロシアは、北方から首都キーウを目指していたロシア軍を撤退させ始めた。

ブチャでの民間人殺害

しかし、このキーウ周辺からのロシア軍の撤退により、一度ロシア軍が占拠したキーウ郊外のブチャにおいて、数百人のウクライナ民間人の遺体が発見される事態になったのである。

四月四日、ブチャに入り報道陣の取材に答えたゼレンスキー大統領は「これは虐殺だ」と語り、「犯罪に関与したロシア軍を一刻も早く特定するため、あらゆる手を尽くす。彼らを罰するために、EUや国際刑事裁判所などの国際機関と協力していく」と強調した。ただその一方、ゼレンスキー大統領は「まだロシアと対話を続けるのか」というメディアの質問に対し「続ける。なぜならウクライナの人々は平和を必要とし、平和のためには交渉が必要だからだ」と語り、四月四日の時点ではまだ交渉を継続する意思を示していた。

ウクライナ・ブチャの集団墓地から遺体を発掘する作業員．2022 年 4 月 14 日，AFP＝時事

一方ロシア側は、ブチャでの民間人の殺害について「フェイクニュースだ」と関与を否定したが、この惨状に対する国際的な非難は一気に強まった。米国のバイデン大統領は四月四日、「これは戦争犯罪だ。プーチン大統領の責任を追及する」とメディアに対し明言した。またイギリスのジョンソン首相は、四月四日付のツイッターで「ブチャなどでの罪もない民間人への攻撃は、プーチンと彼の軍隊が戦争犯罪を行っている明らかな証拠だ」と発信した。

米国はこの事件を受け、国連の人権理事会からロシアを追放する決議を国連総会に提出することを決定。フランスやドイツも、ブチャの惨状に対し、ロシアの外交官を数人、国外追放する措置に出た。「プーチン氏は戦争犯罪人だ」という西側諸国による非難が高まる中、プーチン大統領は四月一二日、「ウクライナがブチャの惨劇という虚偽を作り上げた結果、和平交渉は完全に終わった」とし、交渉の終結を宣言した。

失われた機会？

果たして、三月二九日の時点で、ウクライナとロシアの交渉はどこまで進展していたのか。米国のシンクタンク、ブルッキングス研究所のフィオナ・ヒル研究員とアンジェラ・ステント研究員は、米国のフォーリン・アフェアーズ誌に二〇二二年九月に掲載された論文の中で、「複数の米国政府高官の話によれば、二〇二二年四月の段階で、ロシアとウクライナの交渉団の間では暫定的な合意ができていた。その内容は、ロシア軍は二月二四日の侵攻前のラインまで撤退し、クリミアとドンバスの一部は実効支配を続ける。一方ウクライナ側はNATO加盟を求めず、他の国々からの安全保障を享受する」という内容だったと明記している。

もちろんこれは、ウクライナ側とロシア側の和平交渉団が暫定的に合意していたということであり、それをプーチン大統領が受け入れたかどうかは分からない。ただ、ウクライナ側が提示した内容にロシア側の交渉団がほぼ同意し、双方の交渉チームのレベルでは大筋の合意に達していたことは、将来、仮に本格的な和平交渉が再開された時の一つの大事な布石、礎になる可能性がある。またロシアの和平交渉団のメンバーも含め、ロシア政府の中にも今回のウクライナ侵攻に大義を見いだせず、本音では反対で、この戦争を早く終わらせたいと考えている人が多いかも知れないことを推察させる。

また右の経緯は、戦争犯罪の問題が二一世紀の戦争において、いかに大きな課題になるかも浮き彫りにしている。ロシアが一方的な侵攻を始め、空爆や地上軍の熾烈な攻撃で多くの民間人を殺害している段階で、この戦争開始の責任者であるプーチン氏の戦争犯罪への責任はある意味で自明である。しかし多くの国際政治学者が主張するように、「自分が起訴されると分かって、和平合意を受け入れる指導者はいない」ということも世界の現実であり、この問題をどう乗り越えるのか、今後、この戦争の終結を考える上で大きな課題になる(この問題は、第5章でより深く考察する)。

トルコが仲介に乗り出す理由

二〇二二年四月段階で交渉がいったん頓挫した後も、トルコはウクライナとロシアの捕虜交換や、ウクライナやロシアからの穀物輸出をめぐる合意などに向けて仲介を続けている。

なぜトルコがウクライナ戦争での仲介にこれほどの熱意を持っているのか。前述したトルコのボアジチ大学のクット准教授にトルコ政府の意図を聞くと、「トルコは地政学的に、湾岸戦争の時も、イラク戦争の時も、シリア内戦でも、この地域で戦争が起きれば瞬く間に大きな悪影響を受けてしまうのです。シリア内戦では、数百万人の難民がトルコ国内に流れ込みました。だから、軍事紛争の仲介をして、地域の安定を目指すのは、トルコにとっては純粋に「自己利益としての国益」(Selfish National Interest)なのです」と力説した。

そして、「エルドアン大統領の個人的なパフォーマンスというよりも、トルコの地政学的におかれた環境が仲介への努力を必然にしています。もちろん、エルドアン大統領とプーチン大統領の個人的な信頼関係も背景にはあります」と話した。その上で、ルートは定かではないが、「トルコ政府とロシア政府が常に連絡を取り合っている、それができる関係であることは間違いない」と話し、トルコがロシアとの独自の外交ルートを維持していることを教えてくれた。

一方トルコは、NATOの加盟国の一つとしてロシアの侵攻を批判し、ウクライナを支援する立場を維持している。特に、トルコのドローン製造会社、バイカル社はウクライナに対して軍事用ドローンを提供し続けており、その軍事用ドローンがロシア軍への抵抗に非常に大きな役割を果たしている。そのため、ウクライナ兵士の中で、バイカル社の軍事用ドローンを称える歌が作られ、フェイスブックにも載り、CNNなどでも再三紹介されているくらいである。私がイスタンブールにあるバイカル社を訪問した際も、ウクライナ出身という女性のマネージャーが三時間以上、ドローン工場とその軍事的威力について案内してくれた。

バイカル社ロビーに掲げられた軍事用ドローンの写真(トルコ・イスタンブール). 2022年9月6日, 著者撮影

このようにトルコはウクライナへの支援をしつつ、他方で、エルドアン大統領がプーチン大統領との個人的な関係も活かし仲介をしようとしている。これまでもロシアとトルコは、シリア内戦をめぐり、停戦に向けた交渉

を続けてきた。第2章で述べたように、二〇一五年にロシア軍がアサド政権を支援するためにシリアに軍事介入し、アサド政権が一気に領土を回復していった。それを見て、シリアの反体制派を支援していたトルコは、ロシアとの間でアサド政権と反体制派の停戦に向け、二〇一七年一月以降、カザフスタンの首都アスタナで交渉を始めた。ロシアとトルコ、そしてイランも加わったこの交渉は、いわゆるアスタナ・プロセスと呼ばれる。最終的に、シリア北部に立てこもった反体制派とアサド政権との停戦を、ロシアとトルコの双方が監視団を出す形で、今も何とか維持している。

このロシアとトルコの連携の背景には、二〇一六年にトルコでクーデター未遂があった際、プーチン大統領が真っ先にエルドアン大統領に電話して支持を打ち出したことで、一気に二人の個人的な関係が改善したことがある。しかし二〇二二年四月初頭のブチャの惨劇の発覚以降、ウクライナ戦争における本格的な和平交渉への動きは、次第に遠ざかっていった。

国連の限定的調停と穀物輸出合意

グテーレス事務総長率いる国連事務局は今回、ロシアのウクライナ侵攻を事前に阻止できなかったことについて、国際的に批判を浴びた。しかし、一九六五年のベトナム戦争、七九年のソ連のアフガニスタン侵攻、二〇〇三年の米国によるイラク侵攻など、常任理事国である大国が自ら戦争を始める時、国連事務局が戦争勃発を未然に止めることはかなり難しいのが現実である。

また、グテーレス事務総長はロシアの開戦直後から「これは国連憲章に真っ向から違反しており、全く受け入れられない」とロシアの侵攻に反対する立場を明確にした。これは評価されるべきことだが、ロシア政府との関係が難しくなったことも事実だった。

その中でグテーレス氏は四月末に、おそらくロシア側の了解を取り付けたことでロシアとウクライナの双方を、開戦後、初めて訪問した。そして、①当時戦闘の激しかったマリウポリの製鉄所にいる民間人の避難、②ウクライナとロシアからの穀物輸出に向けた合意作り、という二つを具体的な目標にして、ロシアでプーチン大統領と、ウクライナではゼレンスキー大統領と会談を行った。マリウポリからの避難については、その直後、ロシアとウクライナの合意により人道回廊が新たに作られ、数百人の民間人が無事に退避した。

その後グテーレス氏は、世界中の最貧国に影響が出ている穀物輸出の問題についてグリフィ

トルコ・イスタンブールで穀物の輸出に関する合意文書に調印した，ロシアのショイグ国防相(後列左)と，仲介したトルコのアカル国防相(同右)．前列は国連のグテーレス事務総長(左)とエルドアン・トルコ大統領(右)．2022年7月22日，SPUTNIK/時事通信フォト

ス人道担当国連事務次長を担当者にし、ロシアとウクライナ間の水面下の交渉をトルコと共に進めた。ウクライナの穀物やロシアの肥料の輸出が全面的にストップし、食料価格が高騰、世界的な食料危機が叫ばれ、国連は「この影響で五〇〇〇万人が飢餓に新たに陥る」と警告している。

　ウクライナ、ロシア両国は世界屈指の穀物輸出国であり、国連食糧農業機関（ＦＡＯ）の二〇二一年データによれば、ロシアは小麦の輸出量で世界第一位、ウクライナは世界第五位である。そのため、黒海を通じ、ウクライナからの穀物を輸出できるようにすべきという国際世論が高まり、トルコと国連が仲介を続け、七月二二日、トルコのイスタンブールにおいて、ウクライナとロシアが穀物の輸出に関する合意文書に調印した。

　七月二二日に結ばれた穀物輸出合意の調印式には、国連のトップ、グテーレス事務総長も参加した。一応の合意が得られ、その実施機関の重要な一翼を国連が担うことになり、グテーレス氏は「私が事務総長に就任してから最も重要な課題に向き合っていると感じている」とCNNのインタビューで率直に語っている。一方、穀物輸出に関する合意が、すぐにウクライナとロシアの停戦協議など政治的なプロセスに弾みがつくのかについて、グテーレス氏は「残念ながらまだその機運に達していない」と答え、慎重な見方を変えなかった。そして「まずはこの穀物輸出合意を着実に実施することが、国連の最大の責務の一つだ」と強調した。

この合意に基づき、八月初頭からオデッサなどウクライナの三つの港から黒海を通じて、ウクライナの小麦やトウモロコシなど穀物の輸出が再開された。イスタンブールに、トルコ、国連、ウクライナ、ロシアによる「共同調整センター」が設置され、その四者のスタッフが、ウクライナに出入りする全ての船をチェックし、武器などがウクライナに運ばれていないことを確認し、穀物をオデッサ港などで積み込み輸出している。国連によれば、八月一日に最初に穀物を載せた船が出航して以来、一〇月末までに九五〇〇万トンを超える穀物が輸出されている。

共同調整センターの国連側のトップである、アミール・アブダル代表に九月四日に私がイスタンブールで話を聞くと、アブダル氏は「正直、ウクライナとロシアが協力し、ひと月で数百万トンの単位で穀物が輸出できると考えた人は、数か月前には、いなかったと思います。ウクライナの穀物倉庫に貯まっている穀物を輸出することは、ウクライナの農民や関係者にとっても大きな救いになり、食料不足に悩む世界中の国にとっても多大な恩恵になります。なんとかこの合意に基づく穀物輸出を続けていきたいです」と話した。

ロシア側の事情

穀物輸出合意をプーチン大統領も受け入れた背景には、「ロシアの侵略のために世界で食料価格が高騰し、五〇〇〇万人もの人が新たに飢餓に直面している」という国際的な批判が高まる中で、その批判をかわし、プーチン氏も世界のことを考えていると示したかったからであろう。実際ロシアにとっては、世界の五五%がまだ非民主主義的な国家とされる中、そういった権威主義的な国が多い中東やアフリカの国々まで完全に敵にまわすことは避けたいという意図がある。

さらに今回の穀物輸出合意では、ウクライナの穀物だけでなく、ロシアの穀物や肥料も輸出できることになっていた。アフリカの多くの国はロシアの肥料に依存している。ロシアにとっても相応のメリットがあると判断し、合意に至ったのであろう。

しかし、ウクライナの穀物が順調に輸出される一方、穀物合意で決められたはずのロシアの穀物や肥料の輸出が欧米の経済制裁によって阻まれていると、ロシアは次第に不満を表明するようになった。ロシアのラブロフ外相は一〇月二四日の記者会見で、合意で定められたロシアの穀物や肥料の輸出が「実質できていない」とし、合意の継続に疑義を示した。その五日後、ロシアは、ウクライナの軍事用ドローンによってクリミア半島を拠点とするロシアの黒海艦隊が攻撃を受けたと主張、「穀物輸出合意への参加を無期限に停止する」と発表した。

これに対しトルコや国連は、懸命にロシアに対して合意への復帰を求めた。トルコの強い説得を受けた結果、停止発表から四日後の一一月二日、ロシアは、ウクライナが穀物輸出ルートからロシアに対し攻撃をしないと約束したとして、穀物輸出合意への復帰を表明した。この復帰は、ロシアも国際的評価をある程度気にしていることや、トルコとの関係を損ねたくないという意向があることを示している。穀物大国であるウクライナとロシアの穀物輸出は、世界中の低所得者層を苦しめている食料危機を緩和する上で極めて重要であり、合意の維持が期待される。二〇二二年一一月一七日、ウクライナ、ロシア、トルコ、国連の四者は、穀物輸出合意をさらに一二〇日間延長することで合意したと発表した。

将来の和平交渉の土台に

穀物輸出に関し、トルコと国連が仲介をしてウクライナとロシア側が具体的な合意に至ったこと、その後も紆余曲折を経つつ、合意に基づいた穀物輸出が続いていることは、停戦と和平合意に向けた交渉が再開することになった場合、一つの大事な枠組み、交渉のフレームワーク(土台)になる可能性はある。

他方、この章の最初でも強調したように、和平調停(対話の仲介)については、トルコと国連が担える可能性がある一方、実際に、紛争当事国であるウクライナとロシアに対して説得する影響力、いわゆる「レバレッジ」を持っている大国は、米国と中国である。

そうした大国も含め、どうすれば世界全体で、ロシア軍をウクライナから撤退させつつ、停戦と和平を実現していけるのか。この課題に向け、ウクライナへの軍事支援と並び、ロシアに対する重要な政策手段になっている経済制裁の問題と、その有効な活用法を次の第4章で検討したい。

第4章　経済制裁はどこまで効果があるのか

もう一つの政策手段「経済制裁」

ロシアのウクライナに対する一方的な侵攻に対し、米国をはじめ西側諸国は、大きく分けて二つの手段で対抗しようとしている。一つは、ウクライナに圧倒的な軍事支援をして、ウクライナがロシアに軍事制圧されるのを防ぎ、できればロシア軍をウクライナから撤退させることである。そしてもう一つが、ロシアに対する経済制裁である。

具体的には、経済制裁によってロシア経済にダメージを与え、戦費の調達も困難にし、戦闘に必要な部品や武器の購入も難しくさせる。そのことで次第にロシアの戦争の継続を難しくさせようという狙いである。また国内経済を疲弊させることで、国内の反戦への意図を高めることも狙いに含まれる。

そのため西側諸国は、ロシアからの石油の輸入については二〇二二年末までに九〇%削減すると合意し、将来的にガスの輸入の削減も視野に入れている。また半導体など精密機械のロシアへの輸出を止めることで、ロシア軍の武器や部品の交換が難しくなっており、この武器や弾薬の枯渇はロシア軍に次第に大きなダメージを与えつつある。

ニューヨーク・タイムズ紙は二〇二二年九月五日、米政府高官の話として、「ロシアが北朝鮮から数百万単位のロケットや弾薬を購入する手続きを進めている」ことを明らかにし、「北朝鮮のような国に頼らざるを得なくなっているのは、国際的な制裁によって、武器や弾薬の不足に陥っている明らかな証拠」と報じている。また米国財務省は一〇月一四日、「経済制裁のロシア軍への影響」というレポートを発表し、「西側の制裁による部品不足で、六〇〇〇を超える破壊された戦車や装甲兵員輸送車などの代替が不可能になっている。また、ロシアの半導体の輸入は七〇%減少し、それにより超高速弾道ミサイルの生産も中止に追い込まれている」と、西側の制裁がロシア軍に与えている損害を強調している。

他方、西側諸国がロシアから石油の輸入を減らす制裁については、ロシアの侵攻以後、石油やガスの価格が高騰し、かつ、西側以外の国々が通常の貿易としてロシアの石油やガスの購入を続けていることから、ロシアの外貨収入は逆に増えている。英国の通信社ロイターが八月に報じたところでは、石油やガスの価格の高騰もあり、ロシアの二〇二二年一年間のエネルギー輸出による収入は、二〇二一年と比べ、三八%も上昇する見通しである。その意味で経済制裁によってすぐにロシアの経済が破綻する状況にはないが、九月末に出された新たに三〇万人もの動員による人手不足などもあわせ、ロシア社会や経済への悪影響は、次第に広がっているものと見られる。

制裁に関して重要な点は、仮に制裁によって経済的なダメージを与えることができても、それによって所定の目標を達成できるかどうかは全く別問題であり、実際には達成できないことも多いことだ。それを踏まえ、どうすれば経済制裁を戦争終結のための手段として効果的に使えるか、論じていきたい。

頻発する米国の経済制裁

経済制裁の問題を考える際、「国連安保理の決議に基づく国連制裁」と「米国など大国が単独で行う制裁、もしくは複数の国と協力して実施する経済制裁」の二つに分けて考えることが重要である。

国連による制裁については、国連の安保理で決定される。安保理の決定には、常任理事国五か国が拒否権を発動しないことと、安保理メンバー一五か国中、九か国以上の賛成が必要である。この国連制裁については、一九九一年の湾岸戦争の後、イラクのフセイン政権に対する包括的な国連制裁が実施されたが、その結果、一〇〇万人近い女性や子どもが栄養失調で亡くなったとされ、かつフセイン政権は制裁では倒れなかったという深刻な反省がなされた。そのため、二〇〇〇年初頭以降、国連制裁の基本は、個人に対する「ターゲット制裁」になった。

これは、「制裁リスト」に入った特定の個人に対し、資産凍結や渡航制限、武器禁輸などを科して、その行動や政策を変える圧力を加えることを目標にしている(核実験などを繰り返した北朝鮮に対する国連による包括的な経済制裁などは、例外的なものに属する)。

ただこの国連による制裁は、国連安保理の決議が必要であり、かつ主に個人に対するターゲット制裁であることから、二〇一〇年以降、米国を中心に「単独制裁」が急増した。単独制裁とは、一国で、特定の個人や、特定の国家に対して経済制裁を科すことである。その背景には、アフガニスタンやイラクへの軍事介入が泥沼化したことから、米国政府が国内的に、より批判の少ない経済制裁、特に基軸通貨ドルを持つ特権を活かした金融制裁を多用するようになったことがある(詳細は、杉田弘毅『アメリカの制裁外交』岩波新書等参照)。

経済制裁の限界

米国による金融制裁を受けた国や個人は、ドルを使った決済システムから除外され、国際ビジネスへの参加や輸出入などが極めて困難になる。このように金融制裁は、制裁を受けた国の経済や市民の生活に、大きな打撃を与える。しかし問題は、本来の制裁の目的である「対象国家の政策変更」や、明示されないが実際の狙いであることも多い「対象国家の体制転換」を達成できたケースが、極めて少ないことである。「制裁合衆国」(“The United States of Sanctions”)という論文を二〇二一年九・一〇月号のフォーリン・アフェアーズ誌に掲載した、制裁を専門とするドレズナー教授は「米国の数十年にわたる、ベラルーシ、キューバ、ロシア、シリア、ジンバブエなどへの制裁はほとんど効果がなく、トランプ政権が「最大限の圧力」として行ったイランや北朝鮮、ベネズエラへの制裁も、非常に大きな経済的な打撃を与えつつ、目指す目標は全く達成していない」と断じている。実際、北朝鮮は厳しい金融制裁を受けながら、今もミサイル実験を繰り返している。

イランについては米国主導の金融制裁の効果もあって、二〇一五年に一度、「イラン核合意」が実現した。イランが核兵器開発を凍結するのと交換に経済制裁を解くことが、米国を含む常任理事国五か国とドイツ、そしてイランの間で合意されたのだ。これは当時の米国オバマ政権が、「イランが核兵器開発を凍結すれば、イランに対する経済制裁を解除する」という制裁解除の条件を明確に示して、合意に至ったケースであった。

しかし、オバマ政権の後を継いだトランプ政権はこのイラン核合意を「史上最悪の合意」と非難し続け、イランがまだ核合意の内容を順守しており欧州諸国が懸命に引き留めたにもかかわらず、二〇一八年五月、一方的に核合意から離脱した。トランプ政権はそのままイランに対する厳しい金融制裁を科し、さらに、イランから石油を購入する他の国や企業にも制裁を加える二次制裁も実施したため、イランは経済的に困窮した。

イランの経済は苦境に陥ったが、トランプ政権の一部が主張していた体制転換は起きず、核合意を追求したローハニ大統領など穏健派は政権を追われ、二〇二一年以降、強硬派がイランの実権を握った。その後、トランプ政権がバイデン政権に交代し、現在、イランとの間で、核合意の復活に向け協議が続いている。このイランの例で見られるように、大義なき経済制裁は、かえって国内の穏健派を追い詰め、強硬派が権力を握るケースが多いことに注意が必要である。

最近、米国が実施している経済制裁で最も批判が強いのは、アフガンへの金融制裁であろう。

二〇二一年八月に旧アフガン政権が崩壊しタリバンが全土を掌握したところ、米国はすぐに金融制裁に打って出た。アフガン中央銀行の米国側にあった資産一兆円近くを凍結し、また海外からのアフガンへの送金を人道支援を除き困難にした。

各国がアフガン支援を凍結したこともあり、国連世界食糧計画(WFP)は、全人口の半分以上である二〇〇〇万人近くが極端な栄養不足になり、六〇〇〇万人が餓死線上にあると再三警告している。「タリバン政権に人権を守らせるため」という理由で、人口の半分が栄養不足に陥り数百万人が餓死するような制裁を科すことは矛盾していると、国連をはじめ多くの支援団体、米国の一部のメディアからも大きな批判がでている(例えば、ニューヨーク・タイムズ紙のコラムニスト、マックス・フィッシャー氏は二〇二一年一〇月二九日付「米国がアフガンを飢餓に追い込むのか?」という記事を掲載した)。

また金融制裁を続けてタリバンが崩壊したら、今度はISISアフガン分派(ISIS-K)がアフガンの大部分を支配するのは確実な状況であり、国際テロ組織対策としても全く矛盾していると、多くの専門家が批判している。

制裁解除の条件の明示を

このように米国が実施する金融制裁も大きな課題を抱え、恣意的に、かつ安易に適用されているという批判を受けてきた。それでも今回のロシアのウクライナ侵攻に対し、米国をはじめ国際社会は、ウクライナへの軍事支援と経済制裁の両輪で対抗するしかない。そして、ロシアが国連安保理で拒否権を持っている以上、より正統性の高い国連制裁は決議しようがなく、同志国による制裁を行うしかないのである。

その際、大事なのは、「何をすれば制裁を解除するのか」を明らかにすることである。「何をすれば解除されるのか、その条件が明らかでないと、制裁の効果はあがらない」というのが、多くの制裁の専門家の一致した見解になっている。前述した二〇一五年のイランの核合意も、「核兵器の開発を凍結すれば、制裁を解除する」とはっきりした解除の条件があり、イランからの合意を引き出した。また南アフリカのアパルトヘイトへの経済制裁も、「民主化すればそれまで政権を担った白人指導部も罪に問われない」という出口が用意される中で、アパルトヘイト廃止を実現した。

逆に、「何をしたら制裁が解除されるか分からない」状況で経済制裁を続けても、行動や政策変更には繋がらない。当事国も何をしたらよいか分からないからである。これはある意味で常識的な話であるが、実際には米国による多くの制裁が、「何をしたら解除されるか分からない」中で、次々と色々な国に科されている。

ロシアに対する制裁解除の条件

では一体何が、ロシアに対する経済制裁の解除の条件になるだろうか。実は二〇二二年三月下旬に英国のトラス外相が、「ロシア軍がウクライナから撤退し、停戦に応じることが、制裁解除の条件になる」とメディアの取材に対して明言した。私はこれが、今後の議論の一つの基準になり得ると考えている。

これまでも見てきたように、第二次世界大戦以降、民族自決と反植民地主義という規範が浸透した世界においては、大国が小国に侵攻した際、最終的には、大国が小国から撤退して戦争が終わることが圧倒的に多い。今回も、ロシア軍のウクライナからの撤退が、制裁のかなりの部分の解除の条件になり得る。

このことは、国連総会が三月二日に採択した、ロシア軍のウクライナからの即時撤退を求める決議とも符合する。この決議には欧米や日本など西側諸国だけでなく、多くの非民主主義的な国も賛成し、一四一か国という圧倒的な賛成票を得て可決された。反対票を投じたのは、ロシアの他、ベラルーシ、北朝鮮、シリア、エリトリアの五か国であり、ロシアの孤立は鮮明となった(なお中国やインドなど三五か国が棄権し、一二か国が投票しなかった)。

ウクライナ侵攻を非難する決議への投票結果をスクリーンに映し出す国連総会の議場(アメリカ・ニューヨーク). 2022年3月2日, EPA＝時事

「ロシア軍のウクライナからの撤退」は、国連総会の明確な意思でもあり、国際社会の圧倒的多数の要求でもある。これに制裁解除の条件をあわせていくことは、国際社会が一致してロシアに働きかけていく上でも有効だと考える。

もちろんプーチン大統領が、既にここまでのロシア人の死傷者を出してしまった以上、二月二四日に侵攻を始めたところまで軍を撤退させるとなれば、「一体何のための戦争だったのか」という批判を国内から受けるのは確実である。そのため、二月二四日ラインまでの撤退を、プーチン大統領が受け入れることは難しいだろうという観測は当然ある。

その意味では、もしかすると、プーチン政権が他の政権に代わった後でないと困難かも知れないが、それでも「ロシア軍がウクライナから撤退した際に、ロシアに対する経済制裁について、その多くを解除する」と明示することは、戦争の終結に向けては極めて重要だと思う。またそうした条件を明示していくことで、逆にロシア内での反プーチンの動きを加速させる可能性もある。

どこまでの奪還を目指すか

ただ、ウクライナの場合難しいのが、二〇一四年段階でロシアが編入したクリミア半島や、二〇一五年のミンスク合意で親ロシア派の大幅な自治を認め、親ロシア派が実効支配していたドネツク州やルハンスク州の一部の地域の取り扱いである。この地域については、既に第3章で見たように、三月末の和平交渉の段階では、「二月二四日のラインまでロシア軍の撤退を求める。他方、クリミアと、ドンバスの親ロシア派の支配地域については、別途協議する」というのが、ウクライナ側の正式提案だった。しかしその後、次第にウクライナ政権内でも強硬な意見が勢いを増し、「クリミアも含めて全ての地域を奪還するまで戦闘を続ける」という主張が強くなっている。

もちろん最終的に、どこまで自国の領土を奪還し、そのための戦闘を続けるかは、ウクライナの人々にしか決めることができない究極の選択である。だが、この「どのラインで勝利」とするかは、西側諸国が今後、どのような条件で制裁を解除するかにも直結する問題だ。もしクリミアまで取り戻すとした場合、たとえプーチン大統領が失脚して次の指導者になっても、ロシアにとって受け入れ困難で、戦争がひたすら続く可能性もある。その点にも配慮しつつ、慎重に制裁解除の条件を考えていく必要がある。

米国のジョージタウン大学のアシュフォード招聘教授は、二〇二二年一〇月末にフォーリン・アフェアーズ誌に掲載された「ウクライナ戦争は交渉によって終結する」という論文の中で、ウクライナがクリミアまで軍事的に奪還することは避けるよう米国がウクライナを説得し、ロシアとウクライナ双方が折り合えるところで停戦と和平合意をして、そこで制裁の多くを解除するなど、米国もこの戦争の終わり方について真剣に検討すべき時に来ていると強調している。

私見ではあるが、ウクライナの人々の苦境を一刻も早く終わらせるためにも、また世界大戦や核戦争を回避する意味でも、「二月二四日ライン」までの奪還を西側の共通の目標に据え、そこまでロシア軍が撤退して戦争が終結したら経済制裁の多くを解除し、クリミアについては交渉に委ねることが、ウクライナ戦争終結に向けた一つの方針になり得ると私は考えている。

また、もし「二月二四日ライン」まで領土の奪還が至らなくても、ウクライナの人々やウクライナ政府自身がいったん停戦に応じ、「ロシアに新たに編入された四州の一部については交渉に委ねたい」という結論に至った場合も、それは国際社会として尊重せざるを得ないであろう。ただその場合、ロシアに対する経済制裁の解除は難しいと思われる。「一方的な軍事侵攻によって領土を勝手に増やす」ということを一度正式に認めたら、「主権国家尊重」という、現在の国際秩序における最も重要な規範が崩れ、一九世紀的な「野獣の世紀」に戻ってしまうからである。

このウクライナの領土の問題と、西側が制裁をどこで解除するかは強くリンクしており、この問題でウクライナと国際社会がどう足並みを揃えていけるかが、今後の戦争終結に向けた一つの鍵になる。次章では、この領土問題と、さらに戦争犯罪の問題、そして戦後のウクライナとロシアの安全保障などの課題を見ながら、解決への方向性を模索したい。

第5章　戦争終結の課題と、解決への模索

戦争終結への難問①――領土問題

ロシアのウクライナへの一方的な侵攻で始まったこの戦争を、どう終わらせるのか。

これまで述べてきたように、私は基本的には、ロシア軍をウクライナから撤退させることが最終的な出口になる可能性が大きいと考えている。二〇二二年二月二四日に始まったロシアの侵攻後のウクライナ政府や人々の徹底した抗戦を見る限り、ウクライナの領土をロシア側に引き渡すことは、ウクライナの多くの人たちにとってもゼレンスキー政権にとっても、受け入れられない選択肢に見えるからだ。

他方、プーチン大統領にとっては、実効支配する領土が全く増えない形で終戦を受け入れるのは、ロシア側にも膨大な人的損害が出ている以上、難しい面があるのは現実である。第3章で詳しく見たように、開戦から一か月後の三月末の段階であれば、「ウクライナのＮＡＴＯ加盟を諦めさせた」ということを侵攻の成果として打ち出し、ロシア軍を撤退させることもできた可能性はあった。しかし、ここまで被害を出した後にそれができるか、普通に考えると極めて難しい。

しかし、プーチン体制というのは、極端な専制主義体制である。そのため、プーチン大統領自身が「いったんロシア軍をウクライナから撤退させる」と決断したからといって、すぐに、プーチン政権そのものが崩壊するとは限らない。プーチン政権が反体制派を徹底して弾圧しているからである。その意味でプーチン氏自身が何らかの条件下で撤退を決める可能性は、ゼロではない。

そのことから、「プーチン体制が長期に継続していく場合」と、クーデターや逮捕、病気による死亡、殺害など、何らかの理由で「どこかの段階でプーチン大統領が交代する場合」の双方を見据えつつ、戦争終結への道を模索する必要がある。主な図式は以下のようになるであろう。

〈今後、主に考えられる図式〉

プーチン大統領の存続
- → 戦争の永続化
- → どこかのラインで戦闘レベルの低下
- → どこかのラインで停戦、和平交渉（戦争終結？）

プーチン大統領が交代
（クーデター等で）
- → 戦争の継続
- → どこかのラインで停戦、和平交渉
- → ロシア軍がウクライナ撤退、和平合意と戦争終結

そして、プーチン大統領が権力を維持する場合も、何らかの事態で指導者が交代になる場合も、戦争を終結させる上で、最大の課題の一つが領土問題であることは間違いない。特に難しいのは、二月の侵攻前にロシアが実質的に編入していたクリミア半島と、親ロシア派が実効支配していたルハンスク州やドネツク州の一部の地域をどうするかである。

キッシンジャー氏の問題提起と反発

既に九九歳になったキッシンジャー米元国務長官が、二〇二二年五月二三日、スイス・ダボスで開かれていた世界経済フォーラムで、ウクライナ戦争の今後の行方について、重要な発言をした。

キッシンジャー氏は、一九七〇年代、ベトナム戦争終結に向け、ニクソン大統領の特命を帯びて北ベトナム政府との秘密交渉を続け、最終的に米軍撤退とベトナム戦争の終結に導いた外交官である。また米国と中国の国交樹立に向けた交渉を手掛けて成功させ、その賛否は別として、米国史上、最も有名な外交官の一人でもある。そのキッシンジャー氏が、ウクライナ戦争についてどんな発言をするのか、世界の注目が集まった。

ここでキッシンジャー氏は「容易に解決できない状態に陥る前に、この戦争を終わらせるよう、今後二か月の間に交渉を始めるべきだ」と主張した。そして、「できれば、今回の戦争が始まる前のラインまで分割ラインを戻せれば理想的だ」という趣旨の発言をした。さらに、「このラインを越えて、ロシア側に攻撃を続けることは、ウクライナの自由というよりも、ロシアそのものへの新たな戦争になる」と明確に指摘した。

これは、ロシアがウクライナ侵攻を始めた二月二四日ラインまで押し戻し、そこで停戦にできれば理想的だという主張だった。

これにウクライナ政府の要人は一斉に反発した。ゼレンスキー大統領は、「キッシンジャー氏の家族が一九三八年にナチが支配するドイツから逃れたとき、氏は一五歳だった。しかし彼から、ナチから逃げたり戦ったりせず、ナチを受け入れるべきだったと聞いている人は誰もいないはずだ」と皮肉を込めて発言した。そして、「彼のような偉大なる「地政学者」は、幻想の平和のために割譲される土地に住んでいる数百万人の普通の人たちのことが、分からないのだ」と痛烈に批判した。

また、ウクライナのクレバ外相も「「譲歩しろ。そうすれば戦争を防ぐことができる」という論理は完全に破綻している」と徹底的に批判した。

しかし、この「ロシアが侵攻を始めた「二月二四日のライン」までロシア軍を押し戻せばウクライナの勝利とみなし、あとの部分は交渉に委ねる」という主張は、既に見てきたように三月末にウクライナが和平交渉で提示した内容であり、ゼレンスキー大統領自身も繰り返し発言してきたことなのである。五月二一日の地元テレビの出演でもゼレンスキー大統領は、「二月二四日ラインまでロシア軍を押し戻せば、ウクライナの大勝利だ。その後の部分は、交渉で解決していく」と、三月末の和平交渉の時の提案に沿って主張している。

もちろんゼレンスキー大統領は、二月二四日ラインまで押し戻した場合、それ以前からロシアが実効支配していたクリミア半島や、親ロシア派が実効支配していた東部のルハンスク州やドネツク州の一部を「諦める」とは言っていない。そこは「ロシアとの交渉で解決していく」と主張していたのである。キッシンジャー氏の発言に激しく反発したのは、「二月二四日のラインまで押し戻せば、それを越えて戦い続けるべきではない」とウクライナの主権に関することを指示されたように感じたからと思われる。

他方、どこまでロシアを押し戻したら「ウクライナの勝利」とみなすかは、既に述べたように、西側のロシアへの経済制裁をどこで解除するかを考える上でも、この戦争の終結を考える上でも、非常に重要な課題である。しかし問題は、どのラインまでロシア軍を撤退させれば勝利とするか、ウクライナ政府の中でも意見が分かれていることだ。

二月二四日ラインをめぐる論争

ゼレンスキー大統領が「二月二四日まで押し戻せばウクライナの勝利とみなす」とまだ発言していた五月二〇日の段階で、ウクライナ国防省の諜報部門である情報総局トップのブダノフ少将は、米国のウォール・ストリート・ジャーナル紙の取材に答え、二〇一四年に併合されたクリミア半島を含め、「ロシアをウクライナの全ての領土から追い出すまで戦い続ける」と強調した。

こうなると、二〇一五年にウクライナ政府も合意した、「東部ドンバス地域の親ロシア派の地域での大幅な自治を認める」というミンスク合意も破棄することを意味する。またクリミアについては、一九五四年、当時のソ連の最高幹部会が、クリミアをソビエト連邦内のロシアから、ウクライナ領へと移管する決定をし、ソビエト連邦の枠内で、クリミアはウクライナ領となった経緯がある。一説には、ウクライナ育ちで当時ソ連共産党第一書記だったフルシチョフ氏が、ウクライナ共産党幹部からの支持を強固にするために、クリミアをウクライナに移管したともいわれている(黒川祐次『物語 ウクライナの歴史――ヨーロッパ最後の大国』中公新書等参照)。

一九五四年の移管までは、クリミアはロシアのものだったという認識を持っているロシア人も多い。ウクライナによるクリミアの軍事的奪還を、ロシア側が無抵抗で受け入れる可能性は低く、この戦争の終わりはさらに遠のく。

他方、二〇二二年六月頃まで、ゼレンスキー政権の多くの幹部は、三月二九日のロシアとの和平交渉で提案した方針を堅持していた。五月六日のワシントン・ポスト紙によれば、ゼレンスキー大統領は英国の研究機関であるチャタムハウスが主催したオンライン会議で「二月二四日の侵攻前のラインまでロシア軍を撤退させること。それが交渉を開始する条件だ」と明言している。

また六月九日、ウクライナのポドリャック大統領顧問は、ＢＢＣの取材に「二月二四日ラインまでまず押し戻す。それから和平交渉に入る」と述べている。六月七日、ゼレンスキー大統領は、「二月二四日ラインまで押し戻せば、「暫定的な」勝利と考えている。もちろん、それ以外の地域を諦めるわけではない」と強調した。この二人の一連の発言を見れば、「二月二四日ラインまで押し戻すことを当面の目標にし、クリミアやドンバス地域の一部は、交渉の中で解決を図る」という方針が、二〇二二年六月頃まで堅持されていたことは明らかである。

変わり始めた目標

しかし、米国をはじめ西側諸国からの圧倒的な軍事支援を受け、ウクライナの軍事的な勢いが増す中、次第にゼレンスキー政権も、「クリミアを軍事的に奪回する」という方針に変更し始める。

八月二三日、クリミア半島の返還を議論する国際会議が開かれ、ゼレンスキー大統領はその

クリミア半島をめぐる国際会議後に記者会見に臨むゼレンスキー大統領(ウクライナ・キーウ).
2022年8月23日，Ukrinform/時事通信フォト

冒頭演説で、クリミア半島の脱占領が「最大の反戦の一歩」であり「世界の法と秩序」の再構築に向けた一助になると強調。「全てはクリミアから始まり、クリミアで終わる」とし、「恐怖を克服し、欧州と世界の安全を取り戻すため、ロシアとの戦いで勝利することが必要と確信している」と語った。

そして「クリミアを占領から解放する必要がある」と強調しその後の記者会見でも、「クリミアを取り戻す。我々の領土であり、他国との協議なしに、我々が正しいと決めた方法で取り戻す」と明言した。この発言を見れば、三月二九日の和平交渉で提示した、「クリミアについては別途、一五年かけて交渉する」という立場から、大幅に方針変更したことは明らかである。

また一〇月八日にクリミア大橋が爆破された直後、ポドリャック大統領顧問は、「これは始まりだ」、「違法なものは全て壊さなければならない」、「盗まれたものは、全てウクライナに戻

さなければならない」という、（かなり挑発的な）ツイッターを発信した。同月、ウクライナ元国防大臣のザゴロドニュク氏が「ウクライナの勝利への道」というタイトルでフォーリン・アフェアーズ誌に寄稿し、「ウクライナの完全勝利は、クリミアを含めた、ロシアが二〇一四年以降占拠している全ての土地を解放することだ」と強調している。

このようにウクライナ政府側は、二〇二二年夏以降、クリミア半島も含め一九九一年に建国した際の領土を全て軍事的に奪還するという方針を、少なくとも表面的には打ち出すようになった。他方ロシア側は、クリミア大橋の爆破以降、ウクライナの首都キーウをはじめ徹底したミサイル攻撃をウクライナ各地で再開しており、「クリミアはロシアにとってレッドラインだ」というプーチン大統領の意志を、示し続けているように見える。

そのため、もしクリミアの帰属をも軍事的に決着させるということになれば、プーチン大統領が権力を握っている間、また仮に、プーチン大統領が失脚した後も、戦争が続いていく可能性が高くなる。このことを、ウクライナへの軍事支援を続ける西側諸国としても、真剣に考えなければならない時期がいずれ来るであろう。

ウクライナの選択と領土問題の解決

何度も繰り返し述べるようだが、「どのラインを奪還するまで戦い続けるか」は、ウクライナの人々の究極的な選択であり、ウクライナの人々やウクライナ政府にしか決めることはできない問題だと、私も考えている。

他方、ウクライナが西側諸国、特に米国からの圧倒的な軍事的・財政的支援を受けることでこの戦争を継続できている以上、西側諸国にもウクライナ政府と議論する権利と義務はある。

そして、この戦争を少しでも早く終結させ、ウクライナの人々の圧倒的被害と苦境を終わらせ、世界大戦や核戦争になるリスクを回避するためには、「まずは二月二四日ラインまでロシア軍を撤退させることを、ウクライナ政府と国際社会の共通目標にし、それ以上の領土問題については、ロシアとウクライナのその後の交渉に委ね、双方が折り合う妥協点を見つけていく」というのが、領土問題についての現時点での最良の道ではないかと、個人的には考えている。そしてそれは、三月二九日の和平交渉でウクライナ政府がロシア側に提案し、その後数か月間、ゼレンスキー大統領が取り続けてきた方針でもあるのだ。

もちろん、ロシアが一方的に併合したウクライナ四州(ドネツク州、ルハンスク州、ザポリージャ州、ヘルソン州)を、そのままロシア領と認めることは、ウクライナ政府も国際社会も受け入れないであろう。実際に二〇二二年一一月には、ヘルソン州の州都もウクライナ軍が奪還した。他方で、これを支援している西側諸国でも、二月二四日ラインを越えてまで戦争を続けることを支持する国は、多くないと見られる(Emma Ashford, "The Ukraine War Will End With Negotiations." 等参照)。この戦争が続くことの影響、つまりエネルギー価格や食料価格の高騰、世界的インフレ、経済苦境などを考えると、多くの西側諸国にとっても、まずは、二月二四日ラインまで押し戻せば、停戦にこぎつけて欲しいというのが本音であろう。

では、実際のウクライナ人はどう考えているのか。私は二〇二二年九月にウクライナの隣国であるモルドバに一〇日間滞在し、モルドバ政府高官やモルドバに滞在するウクライナ難民の人たちから一人一時間ずつほど、聞き取りをする機会に恵まれた。

首都のキシナウ市内にあるウクライナ難民用の居住センターでインタビューした一〇人のウクライナ難民(全て女性。男性は兵役義務があり、ウクライナに残っている)に、モルドバでの生活状況、経済的問題、子供の学校のこと、精神的な負担などについて通訳を交えじっくりと話を伺った。

その聞き取りの最後に、「ウクライナは、どこまで領土を軍事的に奪還すべきと思いますか」という質問をした。そして一〇人のウクライナ難民の中で、「クリミアも含めて、全て軍事的に奪還すべき」と答えた方は二人だった。あとの二人は、「少し領土を譲ってでも早く停戦して欲しい」という意見であり、残り六人は、「二月二四日ラインまでは戦って取り戻すべき。でもそこまで辿りついたら停戦して、クリミアなどは交渉に委ねて欲しい」という意見だった。

ウクライナ難民一〇人への調査なので、統計的有意性がある数ではない。ただ、ウクライナの人たちの一定の傾向を示している可能性はある。「クリミアまで戦闘で取り戻そうとしたら、一体何年戦争が続き、どれだけの死者がでるか分からない。それは避けたい」と何人ものウクライナ難民が、時に涙を流しながら話してくれたその声は、とても切実なものだった。

戦争終結への難問②――戦争犯罪

前述した五月六日のチャタムハウスでの講演でゼレンスキー大統領は、終戦への条件として、①二月二四日ラインまでのロシア軍の撤退、を交渉開始条件に据えつつ、その後の協議で、②五〇〇万人を超える難民の帰還、③ウクライナのＥＵ加盟、④戦争犯罪を犯したロシア軍指導者の起訴(もしくは責任を問うこと)、が認められない限り、戦闘をやめることはできないと語っていた。

②の難民帰還についてはおそらく問題なく、③のEU加盟についてもロシアは特に反対を表明していない。しかし仮に④がその言葉通り、ロシア軍の戦争犯罪の全ての責任者の処罰が実現するまで戦闘を止めないということだとすれば、ロシア側は少なくともプーチン体制が続く限り、それを受け入れる可能性はほとんどなく、ずっと戦争が続くことになる。

経済制裁によってプーチン体制がクーデターなどで崩壊した場合、それに代わる政権がプーチン大統領自身を国際刑事裁判などに引き渡す可能性はゼロではないが、「戦争犯罪者を全て処罰するまで戦う」とした場合、クーデターを起こす人たち自身も戦争犯罪で起訴されるリスクがある。そうすると仮にプーチン体制が崩壊して別の政権ができても、「ロシアの全ての戦争責任者を、ウクライナ政府、もしくは国際刑事裁判所で裁くことを戦争終結の条件」にしてしまうと、おそらくロシアの新政権であってもその条件を受け入れることは難しく、この戦争が終わる可能性は、限りなく小さくなってしまうことに留意が必要である。

国際刑事裁判所（ICC）の限界

実際、残念ながらまだ私たちが生きる世界は、「一つの世界政府が存在し、一つの法律が全ての人々に適用され、それを違反したものは平等に裁かれる」という世界ではないのである。このことは現実として、受け入れなければならない。それは、国際政治の問題や戦争の問題を、全て司法的に解決することはできないことを意味している。だからこそ、色々な政治的・外交的な交渉や、抑止力をはじめ軍事力なども活用して、世界の平和を維持していかなければならないのだ。

実は、戦争犯罪を裁くための恒常的な国際裁判所である国際刑事裁判所（ＩＣＣ）が、二〇〇三年に設立される前、国際政治学者のなかでも特に現実主義（リアリズム）の立場をとる「リアリスト」と呼ばれる人たちは、これに強く反対していた。例えば、クラスナー・スタンフォード大学教授は「米国、ロシア、中国がＩＣＣに加盟しない中でＩＣＣを設立しても、公平な裁判にならないばかりか、政治的な交渉による停戦や和平協議をかえって難しくしてしまう」と強く警告していた。

「停戦して和平合意を受け入れたら戦争犯罪で起訴されると分かっていて、停戦に応じる指導者はいない」という現実がある中で、むしろＩＣＣの設立が戦争終結にとって逆効果になるというのが、多くのリアリストの主張だったのである。

そしてＩＣＣの設立から二〇年がたった。ＩＣＣのウェブサイトを見ると、これまで起訴された三〇人以上の人物の顔写真と名前、経歴などが表示されている。それを見れば分かるように、起訴されているのはアフリカの指導者ばかりである。そのため、アフリカの指導者たちは「ＩＣＣはアフリカの指導者だけを起訴し裁いており、極めて不公平だ」と激しく批判している。実際、イスラエルが不法占領しているヨルダン川西岸でのパレスチナ人へのイスラエル軍による攻撃や、ガザ地域へのイスラエル軍の軍事侵攻によるパレスチナ民間人の一〇〇〇人規模の殺害なども全く起訴されておらず、「不公平だ」という批判は、特に第三世界において極めて大きい。

それに加え、ＩＣＣが戦争終結に与える効果を調査・研究してきた専門家からは、設立から二〇年がたち、非常に憂慮すべき調査結果が出されている。つまり、戦争犯罪の責任者とされた指導者は、以前であれば海外に逃亡する手段があったが、ＩＣＣができてからは海外に逃亡しても逮捕される危険があり、「自分の生命をかけて最後まで戦う」傾向が非常に強まっているという結果である。

米国の二人の研究者、ドウネズ・ジョージワシントン大学教授とケマリック・ノースウェスタン大学教授は、ICC設立後の二〇年間の状況を調査した結果として、海外逃亡が難しくなり、軍事的に決着がつくまで戦いが続くケースが非常に増えていると強調している。例えば、シリアのアサド政権は戦争犯罪で起訴される恐れから、政治的妥協に全く関心を示さず、反体制派への徹底した弾圧と軍事攻勢によって政権を維持している。

また、二〇一一年までリビアの指導者だったカダフィ大佐は、反体制派を徹底して抑え込もうとし戦争犯罪の容疑がかけられた。カダフィ大佐は軍事介入したNATOの攻撃で殺害されるまで、戦闘を継続した。リビアはその後、内戦に突入し国家が破綻状態になった。このように、「軍事的決着」がつくまで戦闘が続行され、政治的妥協が難しくなっている傾向が顕著になっているというのが、ドウネズ教授たち二人の主張である。その研究成果を踏まえ二人は、「バイデン大統領がプーチン氏を戦争犯罪者と呼んだ。これは危険だ」という論考を三月二四日のワシントン・ポスト紙に投稿し、戦争犯罪でプーチン大統領を追い詰めることのリスクを力説している。

大国の撤退と戦争犯罪

かつて米国がベトナムから撤退した際も、米側の戦争犯罪の責任者を処罰することをベトナムが要求したら、米国は撤退に合意できなかったであろう。また米国がタリバンと一年半にわたる交渉を経て米軍の撤退を二〇二〇年二月に合意した際も、「米国は一四か月でアフガニスタンから撤退し、タリバンはアルカイダなど国際テロ組織をアフガン内で活動させない」という互いの約束で、米軍撤退について合意した。国連の発表で、毎年数千人のアフガン民間人が殺害され、その三分の一から二分の一は、米軍やアフガン政府軍側の責任ということが明らかにされていたが、その責任を問うことは双方控えることで、撤退が合意された事実がある。ソ連がアフガンから撤退した時も、ソ連軍がおかした民間人への残虐な行為について、その責任を問うことはなく、そのことで、アフガン側はソ連軍の撤退を勝ち取った。

ここに、二一世紀の戦争を終わらせるときの、最大の課題の一つが横たわっている。ウクライナの人々が、このロシアの一方的な侵略に対して、責任者を処罰したいという気持ちは、私もよく分かるし、多くの人が共感するであろう。他方、既に述べたように、まだ世界は一つの政府が存在し、一つの法律で皆が逮捕されたり裁かれたりする世界ではないのである。

実際、米国がアフガンやイラクなどで行った行為について、ICCは全く起訴していない。二〇二一年六月までICCの主席検察官を務めたベンソウダ氏は、米軍のアフガンでの戦争行為について、「少なくとも調査はしたい」という意思を表明していたが、それにトランプ政権は猛反発し、そのベンソウダ主席検察官とスタッフに対して経済制裁を科したぐらいである（*BBC News*, "International Criminal Court officials sanctioned by US," September 2, 2020. 等参照）。

さすがにバイデン政権になって、ベンソウダ主席検察官への制裁は解除したが、米国がICCによる米軍への調査を受けいれない姿勢は全く変わっていない。二〇二一年六月にベンソウダ氏の後に新たに着任したICCのカーン主席検察官は、二〇二一年八月にタリバンが政権掌握した後、「米軍のアフガンでの行為は調査しない。タリバンとISIS側の行為のみを調査する」と断言し、あまりに露骨な不公平だと、人権団体から大きな批判を浴びた。しかしこれがまだ世界の、そしてICCの現実なのである。

ロシアの戦争犯罪とその責任者を全て処罰するまで戦争を続けるとし、本気で逮捕しようとした場合、理論的には、ロシア国内まで攻め込まなければ逮捕できない。つまり、一九四五年に米国が、ドイツや日本から勝ち取ったような「無条件降伏」をロシアから勝ち取る必要がでてくる。しかし、約六〇〇〇発の核兵器を持つロシアに対してそれが現実的に可能かどうかは、疑問を持つ人も多いであろう。また「ロシアが無条件降伏するまで攻め込む」となると、まさに核兵器を伴った世界大戦が現実味を帯びてくる。

それよりも、まずは戦争を終結させ、その後、ロシアとウクライナの間に戦争犯罪に関する委員会を設置し、この戦争で起きた悲劇について事実を明確化し、必要に応じて個人レベルの謝罪や賠償を行い、二度とこのようなことが起きないような共通理解を深めていくことを模索する作業を続ける。そのような対応も、この問題に対処する現実的な方策として考えていく必要がある。

指導者が代わったケース

仮にプーチン大統領が何らかの理由で権力から離れ、新たな大統領と指導者が確立された場合、その新政権が戦争を終結させ、西側との関係を取り戻すためにプーチン氏に戦争責任の多くを担わせるという判断をする可能性はある。逆に、プーチン氏が権力から離れた場合、そのような方向に西側諸国がうまく誘導することも、一つの解決策として考えられるであろう。

その場合、一つの参考になるのが、セルビアのミロシェビッチ元大統領のケースである。ミロシェビッチ氏は、一九九八年から九九年にかけて起きたコソボでの戦争において、セルビア軍の介入による大量殺害などの戦争犯罪の容疑で、一九九九年五月に旧ユーゴスラビア戦争犯罪法廷から起訴された。

この時、まだミロシェビッチ氏は現役の大統領であり、またNATOがセルビアに対して激しい空爆を続けている最中での起訴で、逮捕は困難と思われた。しかし終戦後に実施された二〇〇〇年九月の大統領選挙でミロシェビッチ氏は敗れ、コシュトニツァ氏が、新たに大統領に就任した。

その後、米国をはじめ西側諸国は新セルビア政権に対し、経済支援と引き換えにミロシェビッチ氏を、ハーグにある旧ユーゴ戦犯法廷に差し出すよう強く要求した。この圧力の中、二〇〇一年四月、ミロシェビッチ氏はまず権力乱用や腐敗の容疑でセルビア当局に逮捕された（その後、容疑は確定せず）。逮捕後、欧米各国はセルビア新政権に対し、欧米各国や世界銀行等からの一〇〇〇億円を超える融資や支援を受けるためには、ミロシェビッチ氏の戦犯法廷への移送が不可欠だと、強い圧力をかけた。

コシュトニツァ大統領は「国際戦犯法廷への移送はセルビア憲法に違反する」と最後まで反対したが、当時のデインデイック首相が、セルビアが国際的な支援を得るためには必要な措置だとして、二〇〇一年六月二八日、ミロシェビッチ氏をハーグに送った。そして翌日、セルビア復興のためのドナー会議が開かれ、世銀やEU、米国から一〇〇〇億円を超える融資や無償支援が、セルビア新政権に対して約束されたのである(*BBC News*, "Milosevic extradition unlocks aid coffers," June 29, 2001.)。

ハーグに移送されたミロシェビッチ氏は、コソボ戦争だけでなく、一九九一年から一九九九年にかけての旧ユーゴ紛争におけるクロアチアやボスニア・ヘルツェゴビナでの大量虐殺などについても、起訴され裁判となった。起訴されたミロシェビッチ氏は、ボスニア・ヘルツェゴビナのセルビア人勢力を支援していただけであり、自らが犯罪行為を直接指示したわけではないと、最後まで無罪を主張した。結局、この裁判は、二〇〇六年にミロシェビッチ氏が病気で死亡し、有罪か無罪かは確定しないまま、裁判が終了した(Vladimir Petrovic, "Slobodan Milošević in the Hague.")。

このように、戦争犯罪で国の指導者が起訴された場合でも、その指導者が権力から離れた場合は、様々なアプローチがあり得る。右のように、西側諸国が、新政権と経済支援とを引き換えに政治的な取引をして、戦争が再発しない形で国際戦犯法廷に持ち込んだケースもある。ただロシアの場合、二〇二四年に大統領選挙が予定されているものの、このまま政権が維持されたままだと公平で公正な選挙は望めず、プーチン大統領が選挙で負けることは、あまり期待できない現実もある。そして、プーチン氏をICCなどが性急に起訴した場合、そんな歴史的侮辱を受けるくらいならと、プーチン氏がどんな報復にでるか、誰にも分からないリスクが実際に存在する。

戦争終結と戦争犯罪の現実的判断——東ティモールの例

世界各地に目を向けてみると、戦争を終結させ平和を持続的なものにしつつ、戦争犯罪の問題に向き合うための様々な現実的な取り組みが行われてきた。例えば一九七五年にインドネシアに併合され、その後ずっと独立戦争が続いていた東ティモールは、一九九九年に住民投票を実現し独立を決めた。その直後から、インドネシア併合維持派の民兵が東ティモール全土で破壊や略奪、放火などを行い、何の罪もない市民、千数百人が犠牲となった。また一〇〇万人の国民のほぼすべてが国内難民になるなど、大きな被害が出た。

その後、国連安保理が承認したオーストラリア主導の多国籍軍が派遣され、東ティモールの治安は回復。その多国籍軍が国連安保理決議で「国連ＰＫＯ部隊」となり、「国連東ティモール暫定統治機構」が二〇〇二年まで三年間、東ティモールを統治した。二〇〇二年に大統領選挙が行われグスマン大統領が選出され、国連から東ティモール政府に主権が移譲された。

この東ティモールでも、一九九九年の住民投票後の犯罪行為に対してどう対応するかが、大きな課題になった。東ティモール指導者は「基本的に、レイプや殺人など重大犯罪については、起訴を行う」、「軽い暴行や、暴言、放火などについては、謝罪と一部、損害賠償を行うことで和解を進める」という方針を取った。実際、重大犯罪については国連ＰＫＯミッションの重大犯罪部の支援も得て三九一人が起訴され、そのうち八七人が逮捕されて裁判を受け、八五人が有罪となった。しかし、残り三〇〇人以上はインドネシア側に逃れているため、逮捕されていない。「インドネシアと衝突してでも逮捕を強行すべき」という意見はあったが、東ティモール指導部はインドネシアとの和解と平和の確立を明確に優先し、これを一貫して避け続けた。

他方、二〇〇二年に「受容・真実・和解に関する委員会」が作られ、一九七四年から一九九九年の軽度の人権侵害について、伝統的な手法を用いた対話による和解への取り組みが始められた。東ティモール全土で八〇〇〇近い証言が集められ、二〇〇五年には二五〇〇ページを超える報告書が提出された。真実・和解委員会の対象となった犯罪について「被害者は多くの場合、加害者の心からの謝罪を求めており、全国の村で開かれた委員会でも、謝罪のあと、涙を流して抱き合い、和解することが多かった」と、東ティモール東部のロスパロス郡の、和解委員会の責任者だったバレンティン氏は話していた(東大作『平和構築――アフガン、東ティモールの現場から』岩波新書、第6章)。

南スーダンの場合

また二〇一一年に独立したものの、二〇一三年末からキール大統領側とマチャール副大統領側との間で断続的に戦闘が続いてきた南スーダンでは、二〇一八年九月の包括的和平合意の際、やはりこの戦争犯罪の問題が一つの課題になった。

キール大統領を支援しているウガンダのムセベニ大統領と、マチャール副大統領を支援していた当時のスーダンのバシール大統領が共に仲介して行われた和平交渉では、最終的に以下の三つの組織を設立することが、包括的和平合意第五条に盛り込まれた。

- 「真実・和解・癒し委員会」(CTRH)
- 「ハイブリッド南スーダン刑事法廷」(HCSS)
- 「補償と賠償に関する委員会」(CRA)

このうち「真実・和解・癒し委員会」は、これまでの人権侵害や法の侵害などについて、真実を追求し被害者が正当な補償を得られるように、和解プロセス全体を運営・指揮していく役割を担うとされた。また、「ハイブリッド南スーダン刑事法廷」はアフリカ連合(AU)によって設立され、南スーダン以外のアフリカの国々の専門家で構成され、虐殺(ジェノサイド)、人道に対する罪、戦争犯罪などについて調査して、必要があれば起訴する組織である。また「補償と賠償に関する委員会」は、紛争や戦闘で被害にあった被害者に対する補償や賠償を行うことを目的としていた。

一方、二〇一八年九月の和平合意の最大の眼目は、新たに暫定国民統一内閣を設置し、平和を回復することに置かれた。マチャール氏が第一副大統領に復帰し、新たな閣僚三五人のうち二〇人をキール大統領が指名、九人をマチャール氏が指名し、残りの六人を他の政治グループが指名するという、典型的な権力分有を目指した和平合意だった。和平合意の実施は予定したスケジュールよりかなり遅延は見られるものの、二〇二〇年二月にはマチャール氏が副大統領に復帰する形で暫定内閣が発足。その後も牛などをめぐるコミュニティ同士の小規模な戦闘はあるものの、組織的な軍隊同士による大規模な衝突はなく、停戦が維持されている。

治安も改善され和平に向けて希望も見えてきているが、二〇二〇年以降、東アフリカを襲っている大洪水や干ばつなどにより農業が壊滅的な被害を受け、人道支援の必要が極めて大きくなっている。ただもし戦闘が続いていた場合、人道支援すらできなくなっていたことを考えれば、曲がりなりにも和平プロセスの実施が続いていることは前向きなニュースである。

そうした中、内戦の間に行われたとされる戦争犯罪などについての調査は、ほとんど進んでいない。大統領派と副大統領派が真っ向から戦っていた現実や、まずは平和を確立して欲しいという人々の切実な願いも重なり、この問題を性急に追及することは平和自体を壊してしまうという恐れが、南スーダンの人々の間にも指導者の間にもある。南スーダン国連ＰＫＯの活動報告書を見ても、現在進行形で起きている人権侵害に対応し少しでも被害を抑止することや、コミュニティ間での対話を続け、牛や沼地をめぐる戦闘を話し合いで解決するための支援などに重点が置かれている(Report of the Secretary-General, "Situation in South Sudan." 等参照)。

南スーダンでは数千頭の牛を飼っている部族も多く、牛の飲み水である沼地の使用をめぐり戦闘になることが多い。特に地球温暖化による干ばつで、こうした沼地がどんどん干上がっていることがコミュニティ間の戦闘が激しくなる一因になっている。地球温暖化による洪水や干ばつの被害から人々の命を少しでも守り、対策を講じていく上でも平和の維持は不可欠であり、そのことを優先しなければいけない事情が南スーダンにはある。そして平和を優先すること自体は、他の国が非難するのは難しいことである。

平和の確立に向けて

東ティモールや南スーダンにおける戦争犯罪への対応は、基本的に国内の「内戦」についての対応だ。東ティモールや南スーダンでは、まずは平和を確立することを優先し、国家や政府の機能を強化し自立して生きていける状態を作りたいという目標が、人々の間でも政府の間でもかなり浸透しているように、私自身、何度か現地調査をした経験から感じている。

しかし、ロシアとウクライナの戦争は国家対国家の戦争であり、この戦争犯罪をめぐる問題は非常に解決が難しく、また直接、戦争に加わっていない国が口を出しにくい問題でもある。ただ、このいつ世界大戦に繋がるかも知れない戦争が、ずっと続いていくことが本当によいことなのか。西側諸国もウクライナ政府と本気で議論し、この戦争犯罪の問題への対応策を決めていく必要がある。

一つの方法として、既に述べたようにまず平和の確立を優先し、戦争犯罪の問題は、別途、委員会を作り、そこでウクライナとロシアも入る形で事実関係を調査し、その責任者への対応を協議していく方法があると私は考える。調査自体、かなり長い時間がかかると思われるが、その間に既に七〇歳になったプーチン大統領が病気等で死亡する可能性もあり、その後に責任を問うことができる可能性もある。また、もし仮に、プーチン大統領が何らかの理由で交代した後に、停戦と和平合意を結ぶ事態になった場合、戦争責任をプーチン氏に問い、合同の委員会で個別の戦犯(特に集団レイプや集団殺害など)について、事実を調査し、その後の対応を決めていく、ということもあり得るだろう。

戦争犯罪の問題について皆が完全に納得する解決法を見つけるのは難しいが、具体的な方法を模索することは、どうしても必要な作業である。それを避けるために戦争がずっと続く可能性はあるが、それは常に世界大戦への可能性を抱える危険な道でもある。

戦争終結への難問③――安全保障の枠組み

ウクライナがロシアから今回のような一方的な軍事侵攻を受けない国際的な枠組みを作ることも、この戦争の終結を考える際に非常に重要である。

ウクライナ自体は二〇〇〇年代からNATOへの加盟を強く求めてきた。二〇〇八年、ルーマニアの首都ブカレストで開かれたNATO首脳会議は、ウクライナに対する「将来的な加盟を支持する」とまでしたのである。これに対してロシアは、隣国であるウクライナまでNATOの傘下に入るのかと、極めて大きな危機感を持ったと言われている。

しかしその後、ウクライナのNATO加盟は進まなかった。その一つの理由は、「ウクライナ政府の腐敗がひどく、NATOに入る基準に達しない」とNATO側が主張し続けたことがある。だが、より決定的な理由は、ウクライナがＮＡＴＯに入った後にロシアがウクライナに軍事侵攻した場合、ＮＡＴＯ条約第五条「ＮＡＴＯ加盟国への攻撃は、ＮＡＴＯ全体への攻撃とみなす」という軍事協定により、ＮＡＴＯ全体がロシアとの直接交戦を迫られるということへの加盟国の強い恐怖感、警戒感が背景にある。そのため、ドイツやフランスもロシアを刺激したくないと、ウクライナのＮＡＴＯ加盟には否定的な姿勢を示し続けた。

そうした背景もあって、既に述べたように、三月二九日のウクライナとロシアの和平交渉の場では、ロシアも含めた国連安保理・常任理事国（米国、英国、フランス、中国、ロシア）にトルコやイスラエル、カナダ、ドイツなども加えた新たな安全保障の枠組みの新設を、ウクライナは提案していた。この案で重要なのは、ロシアもその枠組みに入ることで、ロシアにとっても西側諸国からの脅威を緩和できる効果が期待できる可能性があることだ。

その後九月三〇日にロシアがウクライナ四州の併合を宣言したことを受け、ウクライナのゼレンスキー大統領は再びＮＡＴＯへの加盟を申請すると発表した。これに対して、ＮＡＴＯのストルテンベルグ事務総長は「ヨーロッパのすべての民主主義国には、ＮＡＴＯへの加盟を申請する権利がある」としつつ、「新規加盟の決定には加盟三〇か国すべての同意が必要だ」とあえて述べ、実際にはかなり困難であることを示唆した。またその後も、ウクライナのNATO加盟に賛同するという声は加盟国からあがっていない。

そうした中、二〇二二年一〇月以降、ロシアは再びウクライナ全土に対する巡航ミサイルや軍事用ドローンによる苛烈な空爆を始め、発電所など重要なインフラも次々と破壊し、一般市民の犠牲も増大している。このような事態を見ていると、とてもロシアとの共存など未来永劫図れない、と考える人も多いかも知れない。

しかし、ロシアがかの地に存続することは否定できない事実なのである。ずっとウクライナの隣国として、ロシアが存在し続ける現実は変わらない。

第二次世界大戦の最中、当時のナチス・ドイツがヨーロッパやソ連で凄まじい破壊を行っていた時、「ドイツとの共存などあり得るのか」という深刻な問題意識が存在した。それは日本についても、かなり同じことが言えるであろう。それでも、ドイツも日本も戦後、平和国家に生まれ変わり、原則的に軍事大国を目指さず、海外にも軍事介入しないことを国是にして世界との共存を実現してきた。

ロシアが将来的に、今回のウクライナ侵攻のような過ちを行わないようにする安全保障の枠組みを作っていくことは、ロシア人自身にとっても、ウクライナを含めた世界にとっても大事なことである。畔蒜泰助・笹川平和財団主任研究員は、六月七日に掲載されたNHKウェブ記事の中で、この戦争で最も非難されるべきはロシアであると強調した上で、事態がここまで深刻になった一因について、NATOを中心とした冷戦後のヨーロッパの安全保障体制の構造にもあるとし、次のように主張している。

「何が根本的な問題かといえば、ロシアを排除した形での安全保障の意思決定のメカニズムが続いてしまっていることです。今回問われているのは、単なるウクライナの問題だけでなく、中長期的なヨーロッパの安全保障秩序全体です。これを解決していかなければ、また将来同じようなことが起こるのではないかと思います」

冷戦後、NATOの東方拡大が続いた時、ロシアも一時期、NATOへの参加を希望していたという見方もある。一方的にロシアがNATOから脅威を感じる状況ではなく、相互に信頼を供与するような安全保障の枠組みをウクライナとロシアが共に入る形で作っていくことは、今後の安定的なヨーロッパでの安全保障体制を作る意味でも重要であろう。その萌芽は、三月二九日の和平交渉で、ウクライナ政府が提案した新たな安全保障の枠組みにあると私は考えている。これを現実のものにしていくために、米国や西側諸国は真剣に議論を始める必要があると思う。

賠償問題と戦後復興

またウクライナの戦後復興をどう進めるかも、和平合意を結ぶ段階では重要になるだろう。私はその際、ロシアに「戦争賠償」を求めることは慎重になるべきだと考える。

第二次世界大戦において、ドイツや日本、イタリアは「無条件降伏」する形で敗戦したが、その際、戦勝国である連合国側は、あえて賠償金請求をしなかった。それは、第一次世界大戦のあと勝利したイギリスやフランスなどがドイツに対して多額の賠償金を支払わせ、それがドイツ経済の疲弊とナチスの台頭を生んだという、深刻な歴史的反省があったからである。実際、賠償を科せられなかったこともあり、第二次世界大戦後、ドイツと日本は奇跡ともいえる戦後復興を遂げた。

もちろんロシアが何も支払わないということではなく、戦争が終結しウクライナ復興に向けた国際基金を作る際、ロシアもウクライナ復興のため多くの拠出を行うことは当然のことであろう。これは第二次世界大戦後、日本が基本的に韓国や中国、東南アジア諸国に対して行ってきた政府開発援助（ODA）など経済協力によって、日本の戦前・戦中の行為への罪を贖うという考え方を適用できる面がある（山田順一『インフラ協力の歩み――自助努力支援というメッセージ』東京大学出版会等参照）。

ロシアに対して戦時賠償という形を求めると、戦争終結自体が遅れる可能性も高く、また仮にロシアが戦時賠償を受け入れたとしても、将来的にナチス的な超国家主義的な体制がロシアに樹立されてしまうリスクは高いと考えられる。三月二九日の和平交渉の際には、この賠償の問題をウクライナ側があえて提起しなかったと報じられているのは、こういった現実的な判断がウクライナ側にあったことを示唆している。

戦争終結への均衡点

激しい戦闘が続き膨大な人的被害も出る中で、「三月二九日の和平提案については既にウクライナ政府は放棄しており、それをあまり重視しても仕方ない」という批判の声はあるだろう。しかし過去に目を向けてみれば、例えば朝鮮戦争においても、北緯三八度線を境に北朝鮮と韓国が分かれている中、北朝鮮が朝鮮統一を目指して一九五〇年に侵攻し、プサンまで攻め寄せた。その後、米国が韓国を救うために軍事介入し逆に中国国境線まで攻め上り、これを見て中国の義勇軍が介入して米軍や韓国軍を押し戻し、結局、一九五三年にほぼ元の北緯三八度線まで双方が戻り、朝鮮戦争は休戦となった。それから七〇年、その国境線が今も続いている。数百万人の命が犠牲になった朝鮮戦争も、最初に戦争を始めたラインに双方が戻って休戦になったのである。

このように、戦争当事国の双方にとって、戦闘の停止が受け入れ可能な均衡点となるラインが存在する時がある。私はその意味で、ウクライナ政府が三月二九日に提案した「二月二四日ラインまでのロシア軍撤退」、「クリミア半島とドンバスの一部は別途、交渉」、「ウクライナはNATOに加盟せず、新たにロシアも含めた安全保障の枠組みを作る」ということをウクライナ政府と国際社会の共通目標にし、経済制裁の解除の条件も基本的にそれにあわせていくことが、この戦争の終結を目指す上で重要だと考えている。そしてこのウクライナ提案については、少なくともウクライナとロシアの現場レベルでは基本合意していたのだ。

その目標に向かって、米国や西側諸国もウクライナと協議を重ね、また西側諸国と共に中東やアフリカの国々、インドや中国も含めた国際社会全体でロシアに対し「まずは二月二四日ラインまでの撤退と停戦」に向け、働きかけを強めることが大事であろう。そうした国際社会全体での動きを加速させる上で、中東やアフリカの国々から高く評価され信頼されている日本も、独自の役割を果たせるはずだ。

二〇二二年一〇月に新たに採択された、ロシアのウクライナ四州の併合に反対する国連総会決議は一四三か国の賛成を得て可決され、反対したのは、ロシア、北朝鮮、シリア、ベラルーシ、ニカラグアのわずか五か国であった。ウクライナ侵攻後、ロシアからの石油やガスの輸入を増やしているインドのモディ首相も、九月のプーチン氏との直接会談において「今は戦争の時代ではない」と、この戦争への嫌悪感を率直に伝えている。

一〇月にはロシアと中央アジア諸国の首脳会談で、ロシアに経済的にも軍事的にも依存してきたタジキスタンのラフモン大統領が、テレビカメラの回る前でプーチン大統領に対し「私たちに敬意を払ってもらいたい。私たちが、何か間違いをしたのか。あいさつをちゃんとしなかったのか」と述べ、「旧ソ連のように中央アジア諸国を扱わないで欲しい」と訴えた（朝日新聞デジタル「「我々に敬意を」プーチン氏に異例の注文　同盟国、噴き出す不満」二〇二二年一〇月一六日等参照）。またその場で、カザフスタンのトカエフ大統領も、旧ソ連の国境問題は「平和的な手段でのみ解決されるべきだ」と、ロシアを真っ向から批判した。

プーチン大統領の孤立が深まる中、まずはロシア軍をウクライナから撤退させることを国際社会全体の共通目標にし、西側諸国がウクライナ軍を支援しつつ、世界中の国々がロシアに撤退を継続的に働きかける状況を作っていくこと。それが、この戦争を終結させていく鍵であろう。

そのような状況下で、次第にロシア政府が（プーチン氏の後継者になるかも知れないが）、一九八九年にソ連がアフガンから撤退した時のように、ウクライナからの撤退を真剣に考える時期が来る可能性は十分にある。その時、穀物輸出合意で調停役を果たしたトルコや国連がウクライナとロシアの間を再び仲介し、ロシア軍のウクライナ撤退方法や残された領土問題や戦争犯罪の解決に向けた協議機関の設置、そして新たな安全保障の枠組み作りなどについて、両者の合意に向け役割を果たせる可能性はある。またそうした方向に持っていくよう、米国はウクライナを、そして国際社会全体がロシアを促していくことが肝要であり、またそれはこの戦争を終わらせるために極めて重要だと私は考えている。

第6章　日本のウクライナ難民支援
——隣国モルドバでの活動

日本の対ロシア制裁とウクライナ支援

二〇二二年二月にロシアがウクライナに侵攻して以来、日本は基本的に米国や西側諸国と足並みを揃えて経済制裁をロシアに科した。ロシアの中央銀行との取引制限、ロシアの主な金融機関の日本国内にある資産の凍結、SWIFT（国際銀行間通信協会）からロシアの特定銀行の排除、ロシアへの新規投資の禁止、ロシアの軍事関連団体に対する輸出等の禁止など、ほぼ他の西側諸国がとっている制裁に日本も参加している。

ただEUが二〇二二年末までにロシアからの石油輸入を九〇％削減するとしているが、日本はロシアからの石油の輸入について、まだ方針を明示していない。日本の石油輸入全体の中でロシアの占める割合は、二・九％程度であり、それほど高くはない（経済産業省「石油統計速報二〇二二年八月分」参照）。なお米国は、自国で石油やガスがとれることもあり、ロシアからの石油とガスの輸入は既に停止している。

他方、日本政府はウクライナ市民やウクライナ政府に対する支援を積極的に行い、二〇二二年一〇月までに約一一〇億ドル（約一五〇〇億円）の支援を行っている。ウクライナ政府に対するドローンや防弾チョッキ、ヘルメット、防寒服、天幕、カメラ、非常用糧食、医療用機材、民生車両（バン）などの提供に加え、約三億ドル（約四五〇億円）の緊急人道支援を国際機関等を通じて実施し、またウクライナ政府に対する六億ドル（約九〇〇億円）の財政支援も行った。

こうした物資の提供や、国際機関への拠出を通じた人道支援、ロシアの侵攻によって疲弊しているウクライナ政府への財政支援などが日本の主な支援である。それらに加え、より直接的な支援としてウクライナ難民の国内での受け入れや、ウクライナ難民が逃れた周辺国への支援も行っている。

難民が逃れた先の国々に対して支援を行うことで、難民の人たちも、また難民を受け入れている（ホストしている）国やコミュニティも同時に援助することは「ホスト国支援」と言われ、これまでも日本が積極的に取り組んできた分野である。例えば、南スーダンの内戦で二〇〇万人を超える難民がケニアやウガンダなどに逃れた後、そういったホスト国を支援する事業を、日本のＪＩＣＡ（国際協力機構）や日本の多くのＮＧＯ（非営利民間団体）が、日本政府と協力する形で実施してきた。また六五〇万人を超える難民を出したシリアについては、シリア難民が逃れたトルコやレバノンにおいて日本は支援を行ってきた。私自身、ウガンダやレバノンなど日本のホスト国支援の現場に伺い、多くの難民の方々への聞き取りをしたことが何度かある。

こういったホスト国支援を行う理由は、紛争によって膨大な難民が一気に逃れてきたとき、それを受け入れるホスト国自体が機能不全になってしまうことが度々あるからだ。特にウガンダやケニア、レバノンなど自国も経済的困難を抱えている国において、数十万人、時には数百万人単位の難民が逃れてきたとき、その国だけでは水の確保や下水の処理、電気の供給やゴミの処理等、ありとあらゆる生活インフラが不足し、ホスト国の住民も生活苦に陥ってしまうリスクがある。それは難民に対する不満にも繋がってしまう。難民を受け入れる環境を整備する上でも、このホスト国支援の意義は大きい。

難民のホスト国支援は、日本ができる難民支援の中でも既に多くの経験を積んできた分野であり、今回のウクライナ戦争においても、その知見と実力を発揮できる支援だと思われる。

隣国モルドバへの難民流入

私は二〇二二年八月下旬から約一か月、サウジアラビア、トルコ、モルドバをまわり、いくつかの場所で講演したり、調査したりする機会があったが、最後の訪問国にモルドバを選んだのは、ウクライナ戦争勃発後の日本のホスト国支援の最前線がモルドバだったからである。

ロシアがウクライナに侵攻した直後から、多くのウクライナ人が海外に逃避した。ポーランド、ドイツ、チェコなど欧州に避難した人が圧倒的に多く、その総数は国連の推定で既に七五〇万人を超えている。ウクライナ南部の中心都市オデッサから車で一時間ほどのモルドバにも、戦争開始当初、約六〇万人のウクライナ人が押し寄せた。

記者会見するウクライナのゼレンスキー大統領(右)とモルドバのサンドゥ大統領(ウクライナ・キーウ)．2022年6月27日，EPA＝時事

モルドバは、ウクライナ同様、旧ソ連から三〇年前に独立した国の一つだが、NATOに加盟しておらず、EUにもまだ加盟していない。二〇二〇年、欧州との協調路線を目指すサンドゥ氏が大統領に当選。その後の議会選挙でもサンドゥ大統領が実質的に率いる「行動と連帯党」が単独過半数を獲得し、大統領府と議会の双方を掌握した。

「欧州の最貧国」と言われるモルドバで、どのようにウクライナ難民の受け入れが行われ、難民の方々がどのような課題を抱え、また日本の支援がどのような成果を出し、残された課題は何かを知りたいと考え、一一日間、主にモルドバの首都キシナウで調査を行った。モルドバのセレブリアン副首相、ネメレンコ保健大臣、ドブンダ外務副大臣をはじめ、政府の高官や大学教授、ジャーナリスト、キシナウの副市長など計二〇人にインタビューし、また、モルドバでのウクライナ難民支援に取り組んでいる片山芳宏在モルドバ日本大使、日本の二つのNGO(「ピースウィンズ・ジャパン」と「難民を助ける会」)の支援の現場も視察した。そして、NGOの協力も得ながら、キシナウ市内で一〇人、郊外で三人、あわせて一三人のウクライナ難民から一人あたりそれぞれ一時間、長い時には一時間半におよぶ聞き取りを行った。

モルドバは、人口約三八〇万人という小国であり、また一人当たりのGDPも国際通貨基金(IMF)によれば、年四五二三ドルと欧州の中でも最も低い。職業雇用の機会が少ないため海外に働きに行く人も多く、一二〇万人近くが海外で生活している。つまり三八〇万人の人口のうち、二六〇万人ほどがモルドバ国内に住んでいる。

二〇二二年二月にロシアがウクライナに侵攻すると、モルドバ政府は直ちにこれを真っ向から批判する声明を出した。その時の恐怖感について聞くと、セレブリアン副首相は「正直、ロシアはモルドバまで侵攻してくると思いました。ウクライナの主要都市オデッサから、モルドバの首都キシナウまでわずか二〇〇キロメートルです。侵攻も含めあらゆる事態を想定していました」と率直に語った。そして「ロシアがウクライナで苦戦していることで、今は確かにモルドバが侵攻されるリスクは減ったと言えるでしょう。しかし、一切、警戒は緩めていません」と強調した。

モルドバのセレブリアン副首相(モルドバ・キシナウ). 2022年9月9日, 著者撮影

侵攻後、モルドバに六〇万人を超えるウクライナの人々が逃れてきたが、モルドバの人々は率先してウクライナ難民を受け入れた。モルドバ人の約九割が母国語のルーマニア語と同時にロシア語も話すことができ、またウクライナ南部から来たウクライナ難民も、そのほとんどがロシア語を話すため、互いにコミュニケーションができる安心感もあった。

多くのモルドバ人がウクライナ難民を受け入れた理

由について、ドブンダ外務副大臣に聞くと、「次に侵攻されるのはモルドバかも知れないという、ウクライナの人々への連帯感、共感が私たちにはありました。またモルドバには他人を思いやり、ゲストを迎え入れる文化があります。多くのモルドバ人が狭い家であっても、普段から一部屋はゲスト用に空けています。実は私も、明日からウクライナ難民を一人受け入れることになっていて、それを誇りに思っています」と語っていた。

実際モルドバの人たちは、ウクライナ難民の九五％近くを、自分たちの家庭で受け入れたのである。そして、残りの難民の人たちについては、モルドバ全土に約八〇の難民居住センターを設置し、そこで生活できるようにした。

日本NGOの支援

開戦からまだ一か月もたたず、モルドバ内も混乱していた二〇二二年三月に、日本の二つのＮＧＯの責任者が相次いでモルドバを訪問した。一つは、「ピースウィンズ・ジャパン」(略称、ピースウィンズ)であり、もう一つは、「難民を助ける会」(ＡＡＲ)である。二つの団体の責任者はそれぞれ在モルドバ日本大使である片山芳宏大使のもとを訪れ、「是非、日本のＮＧＯとして、モルドバでウクライナ難民支援を始めたい」と申し出た。そのとき片山大使は「日本の反対側にあるモルドバまで来て、ウクライナ難民の支援をしてくださると伺い、あなた方は日本の誇りだと思います。在モルドバ日本大使館として、できるだけの支援をします」と約束した。

その後、日本大使館の全面的な協力もあり、この二つのＮＧＯが、日本の外務省と経済界の人道支援の枠組みである「ＪＰＦ」(Japan Plat Form) の資金や、募金で集めた自己資金も使い、モルドバの地でウクライナ難民支援に取り組むことになった。これは戦争開始直後の極めて早い段階で、日本政府と日本のＮＧＯが協力して「ホスト国支援」を始めたという意味で画期的なことだった。

三月以来、ピースウィンズは、キシナウ市内にある「シネマ」と呼ばれる、以前映画館だった場所を利用して作った難民居住センターを拠点に、支援を始めた。ピースウィンズは、最も多いときで二五〇人のウクライナ難民が入っていた「シネマ難民居住センター」の責任者だったイリナさん(キシナウ市の職員)と話し合い、すぐに支援に入った。ウクライナの成人男性は、ウクライナ政府の方針で兵役や仕事に従事していることもあり、難民居住センターで生活する

ピースウィンズ・ジャパンが難民居住センターに開設したクリニックの入り口(モルドバ・キシナウ)．2022年9月10日，著者撮影

のは、ほとんどが女性と子供だった。ピースウィンズは食料や生活必需品(おむつや生理用品なども含め)について、配慮の行き届いた、きめ細かい配布を開始した。また、日本から医師と看護師を派遣して日中は常駐してもらい、クリニックを新たに開設した。

「ピースウィンズのクリニックにいけば、無料で診察を受けることができ、薬ももらえる」という評判が広がり、センターで生活する人たちだけでなく、近郊のモルドバ人家庭に避難しているウクライナ難民もクリニックに来るようになった。また、モルドバの地方に住み、統合失調症や脳梗塞の再発を防ぐ薬など、地方では手に入らない薬を求める難民の人たちも、次々とピースウィンズのクリニックを訪れた。ピースウィンズでは、自らのクリニックに在庫がある場合は薬を出し、薬がない場合は近くの医療センターに紹介して薬を出してもらった。モルドバ政府は基本的に、ウクライナ難民への薬は無料で提供している。

また、通常の医療センターでは手に入りにくい薬を求めている難民には、処方できる海外の医療NGO団体を紹介して薬が入手できるようにするなど、試行錯誤を続けながらきめ細かい難民支援を実施していった。こうした支援内容についてピースウィンズの現地調整員である原口珠代さんから聞いたとき、私は「ここまできめ細かい支援をしているのか」と思わず感動してしまった。そしてこれが、日本のいわゆる「人々に寄り添う支援」の真骨頂だと思われた。

温かい対応

支援開始から半年後の九月、私はシネマ難民居住センターで生活していたウクライナ難民約九〇人のうち、一〇人の方々から聞き取りを行った。皆がピースウィンズの支援や、センターの市の責任者であるイリナさんに深く感謝していた。このセンターにいる限り、一日三度の食事が保障され、簡単な治療もピースウィンズのクリニックで受けることができる。

また子供を幼稚園に入れたいというような、モルドバ政府やキシナウ市の手続きが必要なことについては、「イリナさんが走り回って応援してくれます」と難民の人たちは口を揃えた。

市の責任者のイリナさん（モルドバ・キシナウ）．2022 年 9 月 14 日，著者撮影

食料や、生活用品などについても「物資的な不足や不満は何もない。軽いケガなどはピースウィンズで治療してもらえるし薬ももらえる。本当に日本の支援に感謝している」と力説する人ばかりだった。

同じく日本のＮＧＯである「難民を助ける会」は、キシナウ市内だけでなく、キシナウ市郊外や地方など計三か所の難民居住センターで、やはり食料や生活必需品を配布する支援を実施し、そのきめ細かい支援で生活している難民から極めて感謝されていた。

難民を助ける会では、地方に住むモルドバの子供たちと、ウクライナ難民の子供たちが一緒に遊んだり、行事を共に行うことなどを通じて、難民の子供たちが地域で孤立せず、社会的な関係を持てるようにする支援も始めていた。モルドバに逃れたウクライナ難民の子供のほとんどが、ウクライナ国内から配信されるオンラインの授業を一日中受け続けており、スマートフォンの前で精神的に疲労している子供も多いという。難民を助ける会では、そうした問題への対応・支援も始めていた。

またモルドバでは、国連難民高等弁務官事務所（UNHCR）など国際機関の対応も早かった。ロシアのウクライナ侵攻直後にUNHCRはモルドバに事務所を作り、ウクライナ難民がモルドバに着いた時に簡単な手続きをすれば、UNHCRからクレジットカードのようなカードを受け取ることができる体制を整えた。そのカードに、一人当たり月一二〇ドル（例えば母親と子供二人の場合、合計月三六〇ドル）の支援金が支給され、難民の人たちはモルドバ内であれば、自由に支払いに使えるようになっている。これがウクライナ難民の方々の当面の生活資金となった。

こうした国際機関によるウクライナ難民支援に対して、現地のモルドバ人からの非難や不満の声はあがらず、社会的問題にもあまりなっていないと聞く。モルドバ人のウクライナ難民への温かさや親切さ、受け入れの姿勢は、むしろ日本人の方が学ぶ面が多いと、調査をしながら何度も思った。

四月以降、ウクライナ難民の一部は、経済規模の大きなEUの国々に仕事を求めて移住したり、ウクライナに戻ったりし、私が現地調査した二〇二二年九月の段階では約七万五〇〇〇人のウクライナ難民がモルドバに住んでいた。そのうち七万人ほどはモルドバ家庭に入って避難生活を送っており、五〇〇〇人ほどの難民が約四〇の難民居住センターで生活していると、UNHCRのボネッリ・モルドバ現地代表が話してくれた。

UNHCRのボネッリ・モルドバ現地代表（モルドバ・キシナウ）．2022年9月14日，著者撮影

日本政府・JICAの支援

一方、日本政府も開戦からひと月もたたない二〇二二年三月の段階で、モルドバに向けJICAによる緊急人道支援、特に医療支援を念頭に置いた調査団を派遣した。六〇万人を超える難民が押し寄せる中、モルドバの医療機関がひっ迫することは容易に想像できたからだ。

調査団の受け入れを指揮した在モルドバ日本大使館の片山大使は、調査団から「医師も看護師もいる。だけど、医療機材が足りない」という報告を受けた。この調査を受け、翌月から第二次、第三次の調査団が派遣され、提供する医療機材の内容が決定された。その結果、首都キシナウの五つの拠点病院に対して、画像診断、内視鏡診断・治療、手術のための関連機器、人工透析装置、人工呼吸器等の無償支援による供与が、モルドバ政府との協議を経て正式に決まった。八月一八日、片山大使とモルドバ政府のモルドド副首相の間で、一〇億円相当の、医療機材支援に関する書簡の交換が行われた。多くの医療機材が、キシナウ市の病院に供与されることになったのである。

モルドバ政府側の責任者だったネメレンコ保健大臣(モルドバ・キシナウ). 2022年9月16日, 著者撮影

こうした医療支援は、ウクライナから逃れてきた難民も直接、恩恵を受けることができ、またホスト国であるモルドバの人たちも新たな医療機材による治療を受けられるという意味で、「難民とホスト国の人々双方から喜ばれ、感謝される支援」として、極めて意義が大きいと思われる。モルドバ政府側の責任者だったネメレンコ保健大臣に話を聞くと、

「片山大使がロシアの侵攻後すぐに動いて日本の本省と協議を進め、三回の調査団の派遣を経て、迅速に医療支援を実現してくれたことに、とても感謝しています」と力説していた。

片山大使は広島出身で被爆二世でもあり、平和への強い関心を持って外交官生活を送ってきた。ロシアのウクライナ侵攻後、「モルドバの人たちがウクライナ難民を受け入れる温かい姿勢を見て、日本政府としてできることを、私なりに一生懸命考えました。このように比較的迅速に医療支援を決めることができ、その点はよかったと思っています」と謙虚に語った。

精神的なダメージと、今後の支援

一方、今後のウクライナ難民の生活を考える上で最も厳しい状態にあると思われたのが、ウクライナ難民の人たちが受けた「精神的な打撃」、つまり心の傷の問題だった。このことは、①ウクライナにいる間にロシアによる激しい空爆を受け、心に負った恐怖や傷(トラウマ)が極めて深いこと、②この戦争がいつ終結するのか全く予想が立たず、避難生活がいつまで続くのか、いつになったらウクライナに戻れるのか全く分からない不安が続いていること、③多くの場合、配偶者が軍に参加していて離れ離れであり、しかもいつ死別するかもしれない恐怖感がある、という三つの要因が深く重なり合っている。

ピースウィンズが支援するシネマ難民居住センターと、難民を助ける会が支援している郊外の難民センターやモルドバ人家庭などで行った、あわせて一三人の聞き取りのうち、特に深刻だった四人のウクライナ難民の聞き取りの内容を紹介したい。難民の方々への聞き取りは、モルドバ人の通訳、ディアナさんにロシア語から日本語に訳していただいた。ディアナさんは日本に一〇年ほど在住経験があり、日本語と英語、ロシア語、ルーマニア語を話す。

（１）ナルシアさん（仮名。女性。四〇代。シネマ難民居住センターにて）

二月二四日に戦争が始まったが、住んでいたオデッサ市（ウクライナ南部の港市）からは逃げたくなかった。一〇歳の男の子と一一歳の女の子を抱えていたし、自分自身も妊娠中だったからだ。夫はアゼルバイジャン人で国際結婚だが、開戦当時はオデッサにいた。

三月に入り、一週間ほどすさまじいロシア軍による空爆に曝され、地下壕に毎晩入って恐怖に耐えた。もう家にいたら危ないと考え三月一〇日に脱出したが、翌一一日に空爆で家は爆破された。間一髪だった。もう家には何も残っていない。

モルドバの地方都市に入りアパートを借りて生活を始めたが、妊娠中でもあり、精神的な不安が極めて大きかった。仕事もないため子供を食べさせなければと思い、五月二七日にこのシネマ難民居住センターに移った。事前に電話し、「子供に食べさせるものがない」と話したところ、入居を認めてくれた。

七月に予定されていた出産も非常に不安だったが、(センター職員の)イリナさんに相談したら病院も紹介してくれ、赤ちゃん服なども用意してくれて本当に助かった。毎日イリナさんに電話して相談にのってもらった。出産は難産で帝王切開になり、とても怖かったが、七月二七日に何とか無事に出産できた。

子供二人は今のところオンラインで、ウクライナの学校の授業を受けている。コロナ感染症のため二年前からオンライン授業が始まっていたので、そのまま受けている。ピースウィンズ・ジャパンのおかげで洋服や食料もあり、センターでの生活に不満はない。

(右の話の後、精神的な状態について伺ったところ)それはもう大変な状況で、非常につの状態が続いている。今後、戦争がどうなるのか、自分の生活がどうなるか全く分からない不安も重なり、精神的にはとても苦しい。

ウクライナで空爆を受けていた時には、パニック状態に陥ったことが何度もあった。また頭が痛く、夜も一時間くらいしか眠れなかった。モルドバに逃げてからも妊娠中の不安が重なり、夫とよくケンカしたりして、とても精神的に深刻な状態だった。現在は少し改善しているように思えるが、不安定な状況は続いているし、眠れないことも多々ある。

子供二人については、夫が気を遣ってモルドバに逃げてからも遊んでくれて、あまり影響は出ていないと感じている。このセンターは男性が少ないこともあり、夫は別のセンターに住み、モルドバの建築関係の仕事について家計を助けてくれている。

今住んでいるセンターには、心理カウンセラーが週に何度か来ており、何回か相談はした。もっとひどくなったら、ちゃんと診察を受けたいと思っている。薬などはもらっていない。精神的には非常に苦しいが、私は一二歳の時に両親を失い、それからずっと必死に生きてきた。あなた(筆者のこと)も大学の先生として必死に頑張らなければならないでしょう。それと同じように、私もやはり頑張らなければならないのです。

(このインタビューからも分かるように、ナルシアさんは非常に真面目で気丈な女性だった。「頑張らなければならない」と繰り返すナルシアさんに、私は心の中では「もう、こんなに辛い目にあったんです。頑張らなくたっていいはずです」と何度も心の中で思い、口に出しそうにもなった。しかし、医療従事者でもない私が無責任なことを言ってはいけないと、ぐっとこらえ、ひたすら彼女の話を一生懸命聞くことに専念した。今までの経験でも、私のような社会科学の調査者が唯一、実際に被害者にできることは、ひたすらその話を一生懸命聞き続けることしかないと自覚していた。)

(2)シパロバさん(仮名。女性。六〇代。シネマ難民居住センターにて)

二月二四日に侵攻が始まり、息子の妻と三人の孫(一〇歳、三歳、一歳)は、すぐに車でモルドバ内の「トランスニストリア地域」に逃げた(「沿ドニエストル」とも称される。一九九二年以来、モルドバ国内だが親ロシア派が実効支配する地域)。息子の妻の母親がトランスニストリアに住んでいたからだ。しかし自分は一人でオデッサに六月二九日まで残った。それは自分の家を守りたいという気持ちが、とても強かったから。息子は戦争前から海外で働いていた。

オデッサでは何度も激しい爆撃にあい、ものすごく怖かった。そのため血圧も高くなり、頭が痛くなった。眠れなくなり、いくら睡眠薬を飲んでも、ほとんど眠れなかった。ウクライナにいたときは、フラッシュバックやふらつきも頻繁に起こった。

風邪やせきもひどくなりオデッサの病院に行ったが、フラッシュバックや不眠については病院の医師には相談できなかった。爆撃が続く中、外出するのが怖くてあまり病院にも行きたくなかった。そのため薬局に行って精神安定剤をもらい、自分で飲んでいたが、飲んでも飲んでも改善されなかった。

海外にいた息子に強く勧められ、六月二九日にモルドバに逃げ、このセンターに入った。同じ時期に息子の妻と三人の孫もこのセンターに入り、毎日会えるようになった。これで随分救われた。センターでは皆がとても親切にしてくれ、精神的に少し楽になった。一人月一二〇ドル(四人で四八〇ドル)支給を受けられること、ピースウィンズのおかげで目薬を出してもらえること、食事やシャンプーなど日用品も無料で提供してもらえるので、とてもセンターには感謝している。

ただ今でも週に三回ほど、センターに来てくれる心理カウンセラーに診察してもらっている。また、一〇歳の孫やその母親も、戦争の話をしたり映像を見たりすると気分が悪くなるため、やはり週二～三回、診てもらっている。まだ精神的なダメージは続いている。ウクライナは何もしてないのに、なぜこんな目にあわなければならないのか。この戦争の意味が分からない。早く昔のように平和に戻って、故郷のオデッサに戻りたい。私の願いはそれだけ。早く対話を始めてもらい、戦争を終結させて欲しい。私はそうひたすら願っている。

(3) バラさん（仮名。女性。六八歳。シネマ難民居住センターにて）

私は看護師で、戦闘の激しかったウクライナのミコライウ州に七月八日まで夫と二人で留まっていた。その間、激しい空爆に何度も曝され、そのたびに地下壕に避難した。家の近くに爆弾が落ちたこともある。空襲警報が鳴り続け、夜中に四時間、地下壕にいたこともあった。

恐怖のため精神安定剤を飲み続けたが、それでもほとんど眠れなかった。昼間に爆撃がありヒステリーになったことも何度もあったし、フラッシュバックも頻発した。「こんなに苦しいなら自殺したい」と考えたことも、正直何度もあった(と、バラさんは泣きながら話した)。

また、夫が外出先で死んでしまったらどうしようという恐怖感も常にあった。それでも夫と離れるのが嫌で、ミコライウ州の家にとどまっていた。

七月に入り、もうこれ以上は耐えられないと思い、ミコライウの避難センターに行って申し込みをした。できるだけ夫の近くにいたいと思いモルドバを選び、このセンターに入った。今でも夫はミコライウ州に残っており、毎日、電話で連絡を取り合っている。だが「いつか夫が空爆で死んでしまうのではないか」という恐怖感がいつもある。体はモルドバにあるが、心はウクライナにある。

ニュースでウクライナの被害の映像を見るたびに胸がどきどきし、非常に不安になる。センターの心理カウンセラーにはまだ相談していない。ウクライナでは数えきれないほど精神安定剤を飲んでいた。精神的な苦痛は続いている。とにかく、はやく夫と一緒に平和になったミコライウに戻りたい。私の希望はそれだけです。

(4)アキサラさん(仮名。女性。五〇代後半。キシナウ郊外にある難民センターにて)

オデッサに住んでいたが、マンションの近くで爆発があって地下に逃げた。それがきっかけで非常にナーバスになった。また中高校生(ウクライナは、中学校と高校が一緒)の次女は、爆撃のショックから極端に体調が悪くなり、食事をとることも眠ることもできなくなった。ふらつきも頻繁に起こり、力が入らなくなった。次女はもともと体が弱く、それに戦争のストレスが襲いかかり動けなくなった。

これでは体がもたないと思い、三月中旬にモルドバに逃げた。自分も次女も、はじめは心理カウンセラーに相談していた。少し落ち着いてきたので、今はカウンセリングを受けていない。次女はセンターで、ウクライナの学校の授業をオンラインで受けていたが、集中できないので今はモルドバの学校に行き、パソコンを借りて、そこからオンラインでウクライナの学校の授業を受けている。

自分も娘も戦争の話はあまりしない。話すと心の傷がよみがえってくる恐れを感じる。長女は三〇歳だが、今もウクライナで生活している。とても心配だ。長女のクラスメートもみな、ウクライナ軍に入って戦っている。離婚した夫もまだウクライナにいる。なぜ、こんな戦争になったのか今も全く理解できない。

他にも、シネマ難民居住センターで生活しているタミラさんも、夫がオデッサの駅で今も働いており、「夫とずっと離れているのが辛い。もう結婚して二五年も続いているほど仲がよいのです。昨日も夫から「オデッサに帰ってきて欲しい」と言われ、どうすればよいか分からない」と、涙を流しながら話してくれた。

シネマ難民居住センターで生活するタミラさん(左)と長男(モルドバ・キシナウ). 2022年9月10日, 著者撮影

また四〇歳の一人息子が今もウクライナ軍にいて、最前線で戦っているという六〇代の女性は、息子の安全のことを考えると夜も眠れず、やはりうつの症状がずっと続いていると話した。

一人一時間ずつインタビューした一三人のウクライナ難民のうち、六人から七人は、かなり深刻な精神的状況にあるという印象を受けた。

救いは、モルドバの人々の親切や、難民センターの責任者や日本のＮＧＯの支援のおかげで、かなり精神的に支えられていると感じられたことである。しかしこのような環境にあっても、深刻な心の傷を背負い続けていること。また戦争がいつまで続き、故郷にいつ帰れるか全くわからない不安、家族やパートナーと引き離されている過酷さも重なっている。ウクライナ難民の人たちの精神的な傷について、専門家が調査する重要性を強く感じた。

ウクライナ難民への心の支援

私は、ウクライナ戦争が勃発した直後に、日本トラウマティック・ストレス学会の会員で、会長も長く務めた福島県立医科大学の前田正治教授から、「この戦争において日本ができる支援について何か寄稿して欲しい」という依頼を受けた。前田教授は長年ＰＴＳＤの調査や支援・治療に携わっている。ＰＴＳＤとは、日本語で「心的外傷後ストレス障害」と訳される。戦争や災害など凄惨な経験（トラウマ）を体験した人たちが、一定の割合でフラッシュバックやパニック症状など、様々な不安症状や抑うつ症状を抱えることは決して珍しくない。ＰＴＳＤは、そうしたトラウマ関連疾患の代表的なものである。

前田教授は、日本での飛行機事故の乗客、米国の潜水艦と激突したえひめ丸の乗員、犯罪被害者らの精神的後遺症、そして、東日本大震災以後の被災地の人たちの心の状態の調査と支援などに一貫して携わり、そのために九州から福島に移住した医師でもある。私は一九九六年に福岡で起きたガルーダ航空機事故の後に前田氏が行ったＰＴＳＤ調査について、当時ＮＨＫのディレクターとして番組を作って以来つきあいがあり、「ＰＴＳＤの調査と支援は常に一体です」ということを教えてくれたのも前田教授であった。

モルドバでウクライナ難民の方々から直接話を聞く機会を得て、いかに精神的ダメージが大きいか、またそれが今も続いているかを知り、今後の日本の支援の一つの柱として、この心の支援を据えることができるのではと考えている。

具体的には、日本トラウマティック・ストレス学会などのＰＴＳＤ専門家チームがモルドバに入り、地元で支援活動を続けるピースウィンズや難民を助ける会等と協力し、日本政府のウクライナ難民支援の資金を受けつつ、約九〇人が生活する「シネマ難民居住センター」などを中心に、ウクライナ難民の精神的な状況に関する医学的調査(メンタルヘルス調査)を行う。そして、その専門的な調査を基にメンタルヘルス支援を実施できれば、非常に意義は大きいと考える。

なぜならPTSDの専門家の医師と看護師、保健師による精神的ダメージに関する調査を実施し支援を行い、さらにその支援内容を英語のレポートにして広く伝えることができれば、調査対象になるウクライナ難民の人たちを助けるだけでなく、七万五〇〇〇人とされるモルドバに滞在するウクライナ難民、ひいては、世界中に逃れている七五〇万人を超えるウクライナ難民の心の状態を知り、その支援に向けた方向性を示すことができるからだ。それは、日本独自のウクライナ難民支援にも繋がると私は考えている。

ただ、日本政府の人道支援基金の枠組みであるJPFの関係者も含め、人道支援関係者の一部に「精神的なダメージへの対応は人道支援に属さないのでは」という声があると聞く。しかしこの考え方には違和感を持つ。ここに記述したように、ウクライナ難民の人たちが抱えている精神的状況は、不眠や拒食、フラッシュバックやパニック障害など、その状態が続けば生活や仕事もできず、人生そのものの再建が難しくなるほどの重い症状なのである。それは日本の地震や津波、犯罪、交通事故などの被害者にも共通する症状である。また、より早い段階で専門的な医師が調査し、カウンセリングや薬による治療・支援を始めた方が、早く回復に向かうことは、医学的にも証明されている。その意味では、まさに「人道支援」そのものではないだろうか。

もちろん、最初に食料や生活必需品を配布することは、命を繋ぐ意味で重要な支援であり、それ自体の意義は全く変わらない。しかし戦争から半年、一年が過ぎ、しかもこの戦争が一体いつまで続くか分からない状況になっている今、精神的ダメージに対する専門的な調査や支援は、日本政府が資金を出す決断をし、関係するNGOやPTSDの専門家がその意思を持てば、それほど大きな費用をかけずにできることなのである。

これからの支援に向け

この提案はあくまで一つの案に過ぎない。二〇二二年一〇月二五日に開催されたウクライナ支援に関する国際会議で岸田文雄首相は、暖房整備や防寒具の供与など、厳しい冬を迎えるウクライナ国民への一層の支援を行うと表明した。こうした支援も、ロシアの攻撃によって電力の半分近くを失い、極寒の冬を乗り切るのが死活問題になっているウクライナの人々にとって、極めて重要な支援になることは間違いない。

ただここに述べたように、精神的なダメージについての専門的な調査や支援、さらにその内容を広く世界に伝えることで、ウクライナ難民や国内に残るウクライナの人たちの精神的ダメージに対する支援につながり、日本のこれからのウクライナ支援の一つの柱にできるのではないか。そしてそれは、他の紛争で精神的後遺症に苦しむ人々や、難民の支援にもつながっていく可能性を秘めている。

次章では、これまでの議論も踏まえ、このウクライナ戦争で一変してしまった世界の中で、日本が国際社会でどんな役割を果たすべきか私見を述べ、まとめの章としたい。

第7章　今、日本は国際社会で何をすべきか

——深刻化するグローバルな脅威と日本

グローバル課題にどう立ち向かうか

ロシアがウクライナに一方的に侵攻した二〇二二年二月二四日は、世界史に残る日になった。侵攻が世界全体に対して与えた激震は、まさに第二次世界大戦後、最も大きな地殻変動を国際社会にもたらしていると言っていいだろう。私たちは今、全く異なる世界に突入している。

そしてこれまで述べたように、日本としても、このウクライナ戦争の終結に向け、世界全体でロシアに対しウクライナからの軍の撤退を働きかけていく役割を果たしながら、侵攻されたウクライナの人々、難民になることを余儀なくされた人々への支援を考え実施していくことは、国際社会の一員として非常に大切なことだと考える。

ただウクライナがヨーロッパに位置することや、欧米諸国も圧倒的支援を行っている中、日本ができるウクライナ支援に限りがあるのも事実である。また、このウクライナ戦争に世界中の圧倒的な関心が集まっているからといって、私たちが世界全体で抱えている「グローバルな脅威」、つまり、世界各地で続いている内戦など軍事紛争、地球温暖化やそれに伴う干ばつや大洪水、コロナウイルスによる感染症などが急に解決したわけではない。むしろ、このウクライナ戦争の影響で食料やエネルギーの価格が高騰し、干ばつや洪水などで苦しむ人々の状況はさらに悪化している。

二〇二二年にパキスタンで起きた洪水など、数百万人が家を失う圧倒的な自然災害や、東アフリカや中東で起きている干ばつで食料生産ができなくなった数千万人単位の人々への人道支援も、ウクライナの人道支援に拠出が回るなか、極めて難しくなっている現状がある。南スーダンなど東アフリカでは、実際に国連世界食糧計画（ＷＦＰ）が、必要な食料支援を停止しなければならない事態が相次いでいる（ＷＦＰニュースリリース「雨も資金も不足――アフリカの角では数百万世帯が壊滅的状況に近づく」二〇二二年四月一九日等参照）。

欧米の圧倒的関心と外交資源がウクライナ問題に費やされる中、日本が中東やアフリカなど第三世界における、一国で解決できないグローバルな課題の解決のために主体的な役割を果たすこと。それは現地の人々や政府からも、そして欧米諸国からも感謝されることだと思う。こうした各地の軍事紛争や地球温暖化、干ばつ、自然災害、感染症などの「グローバル課題」、まさに一国では解決が難しく国際社会全体で立ち向かう必要がある「人間の安全保障の課題」について、日本が世界の国々や国際機関、ＮＧＯ、専門家とも協力しながら、より主体的な役割を果たしていくことが、「ウクライナ戦争勃発後の世界」における、日本の新たな役割だと私は考えている。

このようなグローバル課題の解決に向け、日本が主体的な役割を果たすことは、長い目で見れば、日本の味方を増やし、中国やロシアに対してより強い立場を持つ意味でも重要であろう。また日本は、圧倒的資源を中東に依存しており、例えば石油については九五%を中東から輸入している。その意味で、中東やアフリカの紛争解決や、干ばつに対応する農業支援などを通じて、そうした地域の「自立や安定」を築いていくことは、日本の国益にも直結する。

より広く言えば、日本は今後、五百旗頭真・元防衛大学校長が主張している「日米同盟・日中協商」という考え方を基軸に世界と向き合いながら、グローバルな課題の解決のために第三世界の人たちと協働していくことが大事だと思う(朝日新聞「論座」、「「日米同盟プラス日中協商」でいくべきだ　五百旗頭真氏に聞く(中)」二〇一六年四月六日等参照)。今のところロシアがNATO加盟国に対しては攻撃をしていないのを見れば、NATOの安全保障の枠組みが、ロシアに対して機能していることを示している。これと同じように日本の場合も、日本本土が他国から攻撃された場合は米国が参戦し、共同作戦をとることは日米同盟で確約されている。この重要性は、今回のロシアのウクライナ侵攻によって改めて明確になった。

また六〇年以上続いている日米安全保障条約は、日本と米国の双方にとって大事な制度として定着している。もちろん、米国が過ちを犯しそうなときに真の友人として助言することは重要だ。また、沖縄に集中する基地負担など、解決を図っていくべき問題も多い。しかし日米同盟そのものが、日本の防衛にとって大きな財産であり制度であることは間違いない。

他方、中国に対して主張すべき点は主張し、必要な防衛力を整備し、警備活動も行いながら、合意できる点は合意し、軍事衝突になる事態を避けていくことが肝要である。日本の輸出相手国として中国は既に世界第一位の相手でもある。軍事衝突は日本の国益にとっても大きな損失になる。

こうした現実的な姿勢で米国や中国と向き合いながら、グローバル課題の解決のために日本はどんな役割を果たせるのか。本章ではまず、日本が、世界各地で頻発している軍事紛争の解決にどんな寄与ができるか、これまでの例も見ながら論じる。その際のキーワードは、世界的対話の促進者、私が「グローバル・ファシリテーター」と呼ぶ役割である。次に、軍事紛争の脅威に加え、地球規模で加速度的に悪化している地球温暖化や干ばつ、食料危機、感染症などのグローバル課題の解決に向けて、日本がどんな役割を果たせるか述べる。最後に、民主主義と専制主義の二項対立の図式を回避しながら、日本が「自立と安定」に向けた支援を通じ、「味方を増やしていく」ことが、今後の日本の一つの指針になりうるという私見を述べ、本書のまとめとしたい。

世界各地で続く、軍事紛争とその対応

ウクライナ戦争が勃発したからといって、それまで続いていた軍事紛争がなくなったわけではない。そして二一世紀に入ってからの軍事紛争の圧倒的多数が、国の内部での権力をめぐっての軍事紛争、いわゆる内戦である。スウェーデンのウプサラ大学が出している「ウプサラ紛争データ2022」によれば、二〇二一年に世界各地で五四の軍事紛争が続いており、そのうち五二がいわゆる「内戦」だとされている(ウプサラ紛争データでは、暴力的衝突で年間二五人以上の死亡者が出ているものを「軍事紛争」と定義している)。その結果、二〇二一年の一年間で、一二万人近い人々が命を落としている。

またそうした紛争が主な要因で、世界中で九〇〇〇万人以上が難民や国内避難民として家を

追われる事態になっていた。二〇二二年二月にウクライナ戦争が勃発して七五〇万人のウクライナ人が新たに難民となり、ＵＮＨＣＲは同年五月、世界中の難民や国内避難民の総数が一億人を突破したと発表した。一億人を超えたのは第二次世界大戦後、人類の歴史で初めてのことである。

日本はこうした軍事紛争について、和平調停や、和平合意後の平和構築支援などを通じて一定の貢献を行ってきた。二〇年近く内戦が続いたカンボジアでは、一九九一年に結ばれたカンボジア和平合意に向け、日本は調停国の一つとして大事な役割を果たした。またその後、世界中から約一万六〇〇〇人の軍人や文民スタッフが参加した国連ＰＫＯミッション「国連カンボジア暫定統治機構」（ＵＮＴＡＣ）にも日本の自衛隊約六〇〇人が参加し、一九九三年に実施された選挙に向け支援を行った。選挙後も日本は、カンボジアの法制度支援やインフラ支援などを通じ、「持続的な平和」の確立のための支援を続けている。カンボジア政府は近年、次第に強権的な色彩を強くしており統治において問題はあるが、一定の平和が維持されていることは事実である。

また四〇年以上続いたフィリピンのミンダナオ紛争においても、日本はマレーシアと共に仲介役を務め、二〇一四年の和平合意の実現に向け重要な役割を果たした。二〇一九年には、ミンダナオでの住民投票を経て自治政府の役割を定めた基本法が制定され、「暫定自治政府」も樹立された。現在、正式な政府の発足に向け作業が続いているが、フィリピン政府とミンダナオの暫定自治政府の間の平和は維持され、関係も良好である。今後ミンダナオで「持続的な平和」が確立されれば、日本が和平調停と平和構築の双方で大きな役割を果たした、極めて意義の大きなケースとなる。

また南スーダンでは、東アフリカの政府間開発機構(IGAD)が二〇一七年末から開始した和平調停の予算を全て日本が負担し、既述した二〇一八年九月のキール大統領とマチャール副大統領による和平合意の達成を支えた。その後も南スーダンの和平合意は曲がりなりにも維持され、二〇二〇年二月にはマチャール氏が第一副大統領に復帰して、暫定国民統一内閣が発足。今のところ暫定内閣も維持され停戦が保たれ、二〇二二年五月には、日本の無償資金で建設されたナイル川を越える巨大な橋「自由の橋」が、首都のジュバで完成した。開橋式には、和解したキール大統領やマチャール第一副大統領、そして日本から田中明彦JICA理事長が参加し、式典でキール大統領は「南スーダン人は日本への恩を一生忘れない」と繰り返し強調した。

このように日本は、世界各地で内戦など軍事紛争の解決に向け、他の国々や国際機関とも協力し「対話の促進者」、いわゆる「ファシリテーター」としての役割を果たし、一定の成果をあげた経験を持つ。その土台には、日本が第二次世界大戦後築き上げてきた「平和国家」としてのイメージや信頼が、世界で定着していることがある。この信頼を活かし、「グローバル・

日本の無償資金で建設された南スーダン・ジュバの「自由の橋」(写真上). 開橋式(同下)でのキール大統領(左)とマチャール副大統領(右), 中央に立つ田中明彦 JICA 理事長. 2022 年 5 月 19 日, いずれも JICA 提供

ファシリテーター」（世界的対話の促進者）として、紛争当事者が集まり、和平合意を模索する場所や機会を提供していくことができるはずだ。いわゆる「調停者」（メディエーター）というよりも、対話の促進者としての「ファシリテーター」役である。前述したように、コロンビア和平交渉では、コロンビア政府と反政府武装勢力が持続的に交渉できるようキューバ政府が場所を提供し、ノルウェーが両者の移動などロジスティックスを担当、協力して対話のファシリテーターとしての役割を果たし和平合意に貢献した。

また対話をファシリテートして和平合意が実際に結ばれた後には、日本はこれまでの東ティモールやカンボジア、旧ユーゴスラビア諸国、南スーダンなどでの平和構築支援の経験も活かし、法制度支援やインフラ支援、警察制度支援などで中心的な役割を担うこともできる。世界中の全ての紛争地で日本がファシリテーターを果たすことは難しいが、いくつか候補地を絞り、平和のために直接的な貢献をすることは十分できるはずだ。そのような役割を果たすことが、ロシアのウクライナ侵攻で不安定さを増す世界の中で、日本が平和のために直接貢献できる道だと考えている。

地球温暖化や干ばつへの対応

軍事紛争の解決に向けた役割に加えて、日本は深刻さを増す地球温暖化や、それに伴う干ばつや洪水、食料危機、世界的な感染症への対策でも、主体的な役割を果たすことができる。そうした問題への支援を既に世界各地で実施し、大きな実績を残しているからである。

例えば日本の政府開発援助（ＯＤＡ）の実施機関であるＪＩＣＡは、アフリカでの農業支援で大きな実績をあげているが、その一つが稲作支援である。

二〇〇八年に開催した第四回アフリカ開発会議（ＴＩＣＡＤ）において、アフリカ諸国から期待が寄せられた稲作の拡大について、年間一四〇〇万トンから二八〇〇万トンに倍増する目標を日本政府は打ち出した。実現のために「アフリカ稲作振興共同体」(Coalition for African Rice Development)を立ち上げ、ケニアやタンザニア、南アフリカなどアフリカの二三か国が参加した。その一〇年後には二倍を超える三一〇〇万トンのコメの生産を達成し、目標を大きく上回った。二〇一九年には「アフリカ稲作振興共同体」への加盟国が三二か国まで増加し、全体の稲作生産量も、二〇三〇年までに五六〇〇万トンにする目標を日本は掲げ、支援を継続している。

このように日本は、農業支援においては約束だけでなく、実際に大きな成果をあげてきた。また一〇年、二〇年かけて行う農業支援は、短期間での成果を求めがちな欧米諸国には難しい面があり、日本ならではの貢献でもある。農業支援を通じて人々の生活を向上させ、国を安定させていくことは、アフリカ全体における日本の評価を一層高めるであろう。それは、「経済発展の最後のフロンティア」と言われ、経済成長が著しいアフリカの市場を拡大し、多くの日本企業がアフリカでビジネスを新たに展開することにも繋がる。そうした長期的な価値があることを認識しつつ、「人々に寄り添った」支援を日本がさらに拡大していくことが期待される。

「グローバル課題」解決のファシリテーターとして

右の農業支援のように、地球温暖化、干ばつ、感染症など、一国では解決できないグローバル課題に、日本が相手国との二国間支援で実施できる協力も数多くある。それに加え、日本単独ではなく、世界と一緒になって解決を目指していく「グローバル・ファシリテーター」としての役割を、ここでも日本は果たせる。

それは、「日本が解決策を各国や国際機関、ＮＧＯに教示する」のではなく、「日本が他の国々や国際機関、ＮＧＯ、専門家などと共に集う機会を作り、グローバル課題について議論し、共に解決策を模索し行動する」という考え方である。

日本は、欧米だけでなく、中東やアフリカを含め、第三世界の国々からも「人々に寄り添い、自主性を重んじて支援を行う国家」として信頼を獲得してきた。その信頼を活かし、グローバルな課題を共に解決する対話の促進者としての役割を果たすことは、十分可能なはずだ。また「気遣い」や「思いやり」という規範が強く、国際会議のロジスティックスにも長けた日本人にとって、こうした仕事は得意分野だと思う。

一例だが、二〇二〇年初頭からコロナ感染症が世界を席巻したとき、第三世界にもワクチンを配布するため「コバックス・ファシリティ」という世界保健機関（ＷＨＯ）なども入った世界的な枠組みが、同年秋に設立された。日本はこれを当初から積極的に応援し、二〇二一年六月にはコバックスを盛り上げるための「ワクチン・サミット」を主催。日本自ら八五〇億円の追加拠出を発表し、各国からも拠出表明が相次ぎ大成功を収めた。これを見て米国のバイデン大統領がその年の九月、今度は米国が議長国となって「新型コロナ・サミット」を開催したくらいである。

また二〇一五年には仙台で「国連防災世界会議」を開催し、洪水や地震など大きな自然災害が起きた際、被害を最小限にする「減災」への取り組みを世界に促す大きな契機となった。

このように日本は既に、グローバル課題の解決のための「世界的対話の促進者」としての役割を、一定程度、果たしてきた。しかし、あくまでそれぞれの所管の担当者や責任者が自らの熱意で実施してきた面もあり、担当者が代わると取り組みへの熱意が冷めてしまう時もある。

今後「グローバルな課題の解決に向け、「グローバル・ファシリテーター」としての役割を果たすことを日本の国家戦略にする」と日本政府が正式に決定できれば、それぞれの現場の日本大使館やＪＩＣＡ事務所、そして各省庁でグローバル課題を所管する部署でも、「グローバル・ファシリテーター」になろうという気概を持つ人は数多くいるし、またその取り組みがより持続的なものになると確信している。

クリーン・エネルギー大国を

農業支援など、人々の自立や地域の安定に向けた支援については、高い評価を得てきた日本であるが、「グローバル課題」への対応の中で非常に遅れているのが、人類全体で拡大する必要があるクリーン・エネルギー、特に再生可能エネルギーの分野である。

ロシアのウクライナ侵攻は、石油やガスなどの資源を、一つの国に依存するリスクを世界に見せつけた。短期的には、エネルギー不足を賄うためシェール石油やガスの生産が増える可能性はあるが、長期的には圧倒的な勢いで再生可能エネルギーを基軸としたクリーン社会への移行が進むであろう。またそうしなければ、地球温暖化による被害は計り知れない。

既に欧州では、洋上風力発電などが爆発的に拡大し、電気自動車の普及も進めて、自然エネルギーなどクリーン・エネルギーを基軸にした新たなクリーン社会の構築を、猛スピードで進めている。例えば英国は、全発電に占める洋上風力発電の割合を、二〇三〇年までに三〇％以上にする予定である。洋上風力発電のコストがこの一〇年で劇的に下がって一ワットあたり六円程度となり、一ワット一二円程度の火力発電より大幅に安くなっていることが背景にある。また米国のバイデン政権も、今後再生可能エネルギーを拡大させるために数十兆円規模の予算を通過させている。まさに世界中で、新たな産業革命が始まろうとしている。

こうした世界全体の動きに、日本は取り残されていないのか。日本は二〇五〇年までにCO_2排出を実質ゼロにするという目標は掲げたものの、その具体的な道筋は見えていない。個人的には原子力発電にこだわる姿勢が、大胆な自然エネルギーへの投資を阻んでいると感じる。地震大国である日本が原発を抱えるリスクは高く、実際に二〇一一年の福島第一原発の事故では、当時の政府シミュレーションで、最悪の場合、東日本全体が壊滅し、何十年も人が住めなくなるリスクが実際にあった(NHKメルトダウン取材班『福島第一原発事故の「真実」』講談社等参照)。

また、核のゴミといわれる、原発から出る放射性廃棄物を最終的に処理できる場所の見通しも立っていない。福島原発事故以降、安全対策費用も格段に高くなり、それに加え、放射性廃棄物の処理費用、廃炉後の処理費用なども全て換算すれば、原発は決して経済的に安い発電ではなく、むしろ他の発電に比べはるかに高いという試算が数多くある(大島堅一「コスト問題からみた原子力発電の現在」等参照)。

その意味で、米国、中国、ヨーロッパなどが再生可能エネルギーを軸とする新たな産業革命に動きだしている今、日本もむしろ再生可能エネルギーで世界最先端を行くことを目指す勇気が求められている。昔、世界で最も厳しい車の排出ガス規制に取り組んだからこそ、日本車が排気ガスの少ない車として世界を席巻した。それと同じことが、クリーン・エネルギー社会への転換についても言えるはずだ。

この転換に成功し、地球環境問題について世界をリードする国になれば、まさに、日本の新たな主要産業にもなる。日本でも多くの企業が取り組む太陽光発電は、次第にコストが下がり、経済産業省が二〇二一年に発表した二〇三〇年時の試算では、「一キロワットあたり八・二―一一・八円」となっており、ＬＮＧ火力発電の「一〇・七―一四・三円」より安く、一番安い電力になっている。そして太陽光発電は、アフリカや中東など、新たな電線を引くことが難しい地域でもニーズが高い。

日本はまた二〇四〇年までに、原発四五基分、四五〇〇万キロワット分の洋上風力発電を新たに設置する目標を掲げている。発電コストも一キロワット八―九円を目指しているが、既に欧州の洋上風力は六円台に入っており実現不可能な水準ではない。洋上風力や地上風力発電には、砂漠が多く適地の多い中東やアフリカでも大きな関心が寄せられている。こうした地域、特に産油国など所得水準の高い国々に洋上風力を輸出できるようになれば、日本にとって新たな輸出産業にもなる。またより所得の低い国に対しては、円借款などを使ったインフラ支援としても極めて意義が大きく、エネルギー確保が急務な現地からも感謝されるはずだ。

このように、「クリーン・エネルギー」産業を拡大させ広めることは、CO_2の排出を減らすという意味で人類全体にとって大きな貢献となり、それに加え、日本の新たな産業育成や仕事づくりにも繋がり、これほどよい話はない。「クリーン・エネルギー大国」になる覚悟を日本政府と日本企業が本気で持ち、その能力と熱意を傾ければ、実現は可能だと考えている。

日本のNGO——中村哲医師の偉業と継承

これまで日本政府や日本企業が、どのようにグローバル課題の解決に向け役割を果たせるか見てきたが、最後に、急速に力をつけている日本のNGOの役割について考えたい。日本のNGOによる国際協力を考える時、戦争と貧困に苦しむアフガニスタンの地で、奇跡のような灌漑事業を達成した故中村哲医師の偉業とその継承は、今後のNGOの役割、ひいては私たち日本人の生き方に、大きな示唆と方向性を与えてくれる。

福岡市を本拠とする日本のNGO「ペシャワール会」を仲間と共に立ち上げつつ、中村氏は一九八四年、アフガンやパキスタンでの医療支援を始めた。のちにペシャワール会が全面支援する「PMS」(Peace Japan Medical Services)という国際NGOをアフガンに設立し、持続的に支援ができる体制を作った。そして二〇〇〇年、中村氏はアフガンを襲った大干ばつで、一〇〇万人ものアフガンの人々が、飢えと栄養不足で亡くなっていく姿を目の当たりにしたのである。

「まずは水を確保しなければ農業が再生できない。農業が再生できなければ、飢えで死んでいく人々を救えない」と考えた中村氏は、独力で用水路建設や灌漑技術を学び始めた。そして、地元九州にある山田堰《ぜき》という江戸時代に造られた堰をモデルにすれば、ＰＭＳの支援拠点であるナンガラハル州を流れるクナール川の水を利用した堰と用水路の建設が、地元の人たちの技術と、地元の資材で建設できることを発見した。

川のほとりに立つ晩年の中村哲氏（アフガン・ナンガラハル州）．2019 年 4 月 23 日，ペシャワール会提供

この「地元の人たちの技術で建設でき、壊れたときの補修も地元の人たちができる」ということが、灌漑を持続的なものにする上で決定的だと中村氏は確信していた。ソ連や欧米諸国、中東の国々がアフガンで建設した最新の技術

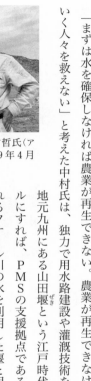

アフガン・ナンガラハル州で干ばつにより砂漠化した土地(上，2003年6月)と，灌漑の用水路により緑地化した土地(下，2012年8月)．ペシャワール会提供

を使った堰や用水路は、地元の人たちの手では修理ができず、数年で使えなくなる現状を中村氏は数多く見てきたからである。

二〇〇二年以降、中村氏とＰＭＳスタッフは、数百人のアフガンの人々と作業を続け、もともと農地だったところが砂漠化した地域に用水路を引き、灌漑によって広大な土地を農地として復活させた。写真は灌漑全体のほんの一部であり、ナンガラハル州全体で一万六五〇〇ヘクタールが農地として再生し、現在六五万人のアフガン農民が、ペシャワール会・ＰＭＳが再生させた農地で生活している。

まさに奇跡のような事業であった。中村氏はアフガン政府から栄誉市民権や国家勲章も受け、二〇一九年一二月に何者かに殺害された際は、追悼式典でガーニ大統領がその棺をかつぎ、深い感謝の念を示した。

二〇二一年八月に米軍がアフガンから撤収し、ほぼ同時に、タリバンがアフガン全土を掌握、暫定政権として政権運営を始めた。そのタリバンの幹部も、日本の在アフガン大使に会うたびに「我々はドクター中村とＰＭＳの活動に感謝している。是非活動を続け拡大して欲しい」という希望を伝えている。実際、タリバンのナンガラハル州の局長は、全土を掌握した直後の二〇二一年九月にＰＭＳの事務所やプロジェクト現場を視察し、事業継続への期待を示し、治安対策なども含め全力で支援すると表明した。

そのこともあって、一〇〇人ほどのＰＭＳの現地スタッフは全員活動を続け、一〇月にはＰＭＳが建設する一一番目の堰となるバルカシコート堰の工事を再開。二〇二二年二月に完成した。これは中村氏が亡くなった後、ペシャワール会の福岡本部の職員と専門家が、現地のＰＭＳスタッフと連日オンラインで会議を続け、数百人のアフガン農民と共に総力で完成させた最初の堰でもあった。

このようにペシャワール会・ＰＭＳの活動は、旧アフガン政権からも、現在のタリバン暫定政権からも深く感謝され、その事業に大きな期待が寄せられている。タリバン政権は二〇二二年一〇月に中村氏の偉業をたたえ、感謝の気持ちを表す追悼広場「ナカムラ」も建設した。

新旧のアフガン政権は、体制の違いを問わず「とにかくアフガンの人々が生きていく糧を獲得し、三度三度の食事を食べることができ、家族が一緒に生活できること」を実現しようと、懸命にアフガンの人々と共に生きた中村氏とペシャワール会の活動に、深い感謝の念を抱いている。二〇二一年から二〇二二年にかけても、このペシャワール会・PMSの農地だけは楽園のような状況で、小麦、稲、酪農、マメ、ハチミツ(養蜂)など、豊富な収穫を維持している。

「中村式灌漑」をアフガン全土へ

現在、ペシャワール会は、中村氏と苦労を共にしてきた村上優会長と藤田千代子支援室長が中心となり、「中村氏の事業を全て継続する」ことを合言葉に、灌漑事業の拡大に向け活動を続けている。二〇二一年、大干ばつがアフガンを襲い、また第4章で既述したように米国がタリバン復活を受けてアフガン中央銀行の資産凍結や、人道支援以外の海外からの送金を困難にする金融制裁を科した。各国の支援停止も重なり、国連は四〇〇〇万人のアフガン人のうち二〇〇〇万人近くが極端な栄養不足に陥り、二〇二二年一〇月現在も、六〇〇〇万人が飢餓で亡くなる瀬戸際に瀕していると警告している。極度の貧困の中で、食料を買うために子供や臓器を売っているアフガン人の悲惨な状態も数多く報道されている。

「アフガンの女性や人権を守るため」という名目で経済制裁をかけ、その結果、経済活動が停止し数百万人もの罪のない人々が飢餓に追い込まれ、その多くは女性や子供であることに人道支援団体の多くや米国の良心的メディアも批判を続けている。また既に述べたように、タリバン政権を破綻させた場合、領土の多くを支配するのはより過激なＩＳＩＳのアフガン分派であり、国際テロ対策としても、この制裁の矛盾を指摘する声は大きい。

そうした中、日本政府は二〇二二年九月、西側諸国の中でも最も早い段階でカブールにおける日本大使館を再開させた。タリバン暫定政権との対話を継続的なものにし、アフガンの人々への支援を、国際機関とも協力しながらより本格化させていく姿勢を明らかにしたのである。また日本のＮＧＯも、ペシャワール会だけでなく、「ピースウィンズ・ジャパン」、「難民を助ける会」、静岡を本拠とする「カレーズの会」など約一〇のＮＧＯが、現地でタリバン政権と協議・調整をしつつ、教育支援や現金給付、食料支援などの人道支援を継続している。

私は、ペシャワール会を含めたアフガンで活動する四つのＮＧＯが情報共有する会を継続的に実施しているが、ＮＧＯの現地スタッフでタリバンに殺害されたり拘束されたりした人は一人もいない。またアフガン全土で治安が改善され一般犯罪も劇的に減少し、アフガン三四の全ての州で支援ができていると、国連開発計画（ＵＮＤＰ）や国連食糧農業機関（ＦＡＯ）なども強調している。

こうした治安の改善も受け、ペシャワール会が成し遂げた奇跡的な灌漑事業をアフガン全土に広げるために、日本政府と国際機関も協力を開始している。ペシャワール会・ＰＭＳとＪＩＣＡ、そしてＦＡＯの三者が協力する「国際機関・連携無償資金協力」の枠組みで、中村氏が作り上げた灌漑システムを広げていく事業の準備が進んでいる。二〇二二年には中村式灌漑の詳細を記述した教科書（ガイドライン）が、英語と日本語、現地のダリ語とパシュトゥン語で完成し、ＤＶＤも数多く作成された。現在二〇二三年春の事業開始に向け、三者で準備を進めている。

このように、ＰＭＳの灌漑システムをアフガン全土に広げ、とにかくアフガンの人々が飢えずに生きていけるように支援すること。またそれを通じて、アフガンが国際テロ組織の拠点にならず、平和で安定した国に戻っていく礎を作る上で、日本はまさに主役を担える。このシステムをアフガン全土に拡大することは、中村氏自身の生前の希望でもあり、それを実現できたら、人口の七割以上が農民であるアフガンにとっては決定的な意義を持つ。

現在、治安が劇的に改善されたことで、中村氏でさえ行けなかったナンガラハル州に隣接するクナール州やヌリスタン州などにも、PMSの現地スタッフが自由に訪れ、将来の堰を作る候補地の調査を実施できる状況になっている。ペシャワール会の村上会長は「約一〇〇人いるPMS現地スタッフも、治安がよくなったこともあり、ため池を使った小規模灌漑など次々と新たなプロジェクトに取り組んでいます。それが活動の支えになっています」と話す。

もし日本のNGOであるペシャワール会の灌漑方式をアフガン全土に広げることに成功すれば、干ばつで苦しむ、中東やアフリカの他の国々にもこの灌漑システムを広げていくことができるはずだ。それこそが中村氏の偉業を引き継ぎ、地球温暖化による大干ばつという世界で最も深刻なグローバル課題について、日本が果たせる非常に大きな役割であろう。

「民主主義」対「専制主義」を超えて

ウクライナ戦争を終結させる道を改めて考える時、この戦争をどのような図式で捉えるかは重要な問いである。

私個人は、圧倒的な民主主義体制の支持者である。そして今回のプーチン大統領のウクライナ侵攻で、一人の人間に権力が集中する専制主義体制の脆弱さが露わになった。その意味で「民主主義」という体制そのものに、私たちが自信を失う必要は全くないはずだ。日本人としてできることは、そういった「民主主義」と「平和主義」という自らの戦後の生きざまに誇りを持ち、このような侵略行為に毅然と抗議し続けながら、それでも世界大戦に突入しない知恵を絞り、米国や中国も含め、世界全体に働きかけていくことだと思う。

その上でロシアのウクライナ侵攻に対抗していくためには、開戦当初バイデン米大統領が強調していた「民主主義国家」対「専制主義国家」という図式ではなく、むしろ「最低限の国際ルールを守る国」対「それを守らない国」という図式に持っていくことがより賢明だと考える。そのことを、雑誌『世界』で「世界大戦をどう防ぐのか」という論文で書いて以来、メディアなどでも一貫して主張してきた。

イギリスのエコノミスト・インテリジェンス・ユニットが毎年出している「デモクラシー・インデックス２０２１」によれば、不完全でも民主主義を維持している国は七四か国であり、それ以外の非民主主義的な国が九三か国である。人口でみると民主主義国家で生活する人の割合は四五・七％であり、それ以外は専制主義国家など非民主的統治のもとで生きている。しかし大事なことは、それでもほとんどの専制主義国家が、今回のロシアのような他の主権国家への侵略はしていないことである。「他の主権国家を尊重する」という国際ルールの中でも最も大事なルールを概ね守ることで、第二次世界大戦後の世界は、一定の平和を維持してきた。

ロシアのウクライナへの侵攻は、その意味で、「国際社会の最も根本的なルールの違反」である。これを前例として認めてしまうと、一九世紀的な、「大国は、弱小国に対し、軍事的に可能であれば、いつでも侵攻して植民地にしたり領土を広げたりできる」という、掟のないジャングルのような世界に後戻りしてしまう。そしてそのことは、国際社会のほとんどの国が望んでいない。

二〇二二年三月二日に「ロシア軍のウクライナからの即時撤退」を求める国連総会決議が採択された際には、一四一の国が賛成し、反対したのはロシア、北朝鮮、シリア、ベラルーシ、エリトリアの五か国だけであったが、既出の「デモクラシー・インデックス2021」と照合すると、賛成した一四一の国のうち六八か国が「民主主義国家」と分類された国であり、四五か国が「非民主主義国家」と分類されている(なおデモクラシー・インデックスは、二九の小さな国について調査ができず分類していないが、そのうち二八か国がこの決議に賛成した)。つまり、多くの「非民主主義国家」も、このロシアのウクライナ侵攻については真っ向から非難し、その撤退を要求する決議に賛成票を投じているのである。

こうした事実を踏まえ、今回のロシアのウクライナ侵攻を「最低限のルールを守る国」対「守らない国」という図式に持っていくように、日本をはじめ西側諸国は粘り強く努力し、まだ非民主主義国家が多い中東やアフリカの国々も味方にしていくことが大事だ。そのことで、ロシアに対する最大の交渉力を持っている中国も含め、世界全体でロシア軍のウクライナからの撤退を、ロシアに対して働きかけていく状況を作っていくことが肝要である。

米中対立が激しくなる中で、それは難しいという反論もあるかも知れない。ただバイデン政権は当初、「地球温暖化や感染症など地球規模の課題は中国とも協力する」という姿勢を打ち出し、それを今も一応維持している。ウクライナ戦争を一刻も早く終わらせ、ウクライナの人々の悲劇や惨状を止め、さらに世界大戦を防ぐことは、まさに人類全体の将来がかかった課題である。その意味で、中国とも可能な範囲で協力を模索することは、現実的な姿勢だと言える。日本もそうした環境作りに向け、米国政府や中国政府とも対話を続けることができるはずだ。

「自立と安定」を支援する外交を

この「民主主義」対「専制主義」という二項対立的な図式をなるべく回避し、世界各地の紛争や干ばつ、自然災害や感染症などに苦しむ人々を誠実に支援することは、「日本の味方を増やす」外交にもなる。これは、米中対立が今後激しくなる中で、日本が国際社会で生きていくための一つの指針になるのではないだろうか。

実際に日本はこれまで第二次世界大戦後のＯＤＡにおいても、支援される側の国の自助努力を促し、自立に向け支援することを一つの柱に据えてきた。二〇一五年に閣議決定された「開発協力大綱」にも、日本の支援の「基本方針」として次のような文言がある。

「相手国の自主性、意思及び固有性を尊重しつつ、現場主義にのっとり、対話と協働により相手国に合ったものを共に創り上げていく精神、さらには共に学び合い、開発途上国と日本が相互に成長し発展する双方向の関係を築いていく姿勢は、開発途上国の自助努力を後押しし、将来における自立的発展を目指してきた日本の開発協力の良き伝統である。この観点から、引き続き、開発途上国自身の自発性と自助努力を重視するとともに、日本の経験と知見を活用しつつ、対話と協働を一層深化させ、当該国の自立的発展に向けた協力を行う」(傍点は筆者)

大綱にも明記されているように、これまでも日本は「民主主義という制度を広める」というよりも、「現場主義にのっとり、対話と協働により相手国に合ったものを共に創り上げていく」ことによって、その国の「自立」を支援するという基本方針を明確に持っていた。だからこそ一九六〇年代以降、まだ民主主義国家が少なかった東南アジア諸国や独裁体制だった韓国などへのODAも積極的に行い、高い経済成長と人々の所得向上に貢献した。その全ての国ではないものの、結果としてインドネシアやマレーシア、韓国などいくつかの国々における民主化にも繋がった。

また日本は他の欧米諸国と同様、ほとんどの国が非民主的で権威主義的な体制を維持している中東の国々とも、極めて友好的な関係を維持してきた。私は最近、調査や講演などで中東各地を訪問する機会が多いが、日本のＯＤＡや、中東に進出した日本企業に対する現地の人々の信頼や感謝の気持ちの強さを実感する。

残念ながら二〇一一年の「アラブの春」での中東における民主化の動きも、シリアやイエメン、リビアは泥沼の内戦に突入し、多大な死傷者と、数百万人の難民を出す悲惨な状況になってしまった。エジプトは一度、民主化し選挙も実施されたが、その後二〇一三年に軍部がクーデターを起こし、今も軍部独裁が続いている。現在の軍事政権は十数万人の政治犯を収容していると言われるほど強権的な体質が強いが、欧米も日本も、支援を拡大し、民間企業の投資も相次いでいる。

日本の背中を示しつつ

もちろん、それぞれの国における問題について対話を行い、少しでもよい方向に促していくことは大事なことである。特に日本は、「第二次世界大戦後、平和主義を貫き、民主主義も維持し、人権も大事にしながら、治安もよく、安定も享受し、経済発展も遂げた」という意味で、中東やアフリカでは尊敬の念を抱いてくれている人々も多い。そういった「日本の背中」を見せながら、少しずつ内側からの社会変革を促していく役割も日本は果たせる。

最終的にその国の統治をどうするかは、それぞれの国固有の文化的、社会的、歴史的背景があり、その国の人たちにしか決められない側面がある。日本も明治維新の際、すぐに議会を作るべきという声があがったが、時の事実上の首相だった大久保利通は「最初の一〇年は中央政府を作る。次の一〇年は地方政府を作る。議会を作るのはそれからだ」とはっきり方針を明示し、実際に明治政府はその方針をとった。民主主義体制で国を運営するには、それなりの社会の成熟度や統治機構の整備も必要であり、そのことを外部から性急に求めることは、かえって逆効果になることも多い。

では何を日本の支援の理念にするのか。私は、突き詰めれば「自立と安定」ではないかと思う。その国の人たちが自分たちの力でまずは生きていける力を持てるよう、「自立」を支援すること。またそれによって国が「安定」し、そこに国際テロ組織が拠点を築いたり、地域紛争で世界経済が不安定になったりすることを防ぐことである。

こうした「自立と安定」に向けた支援については、世界全体で幅広い支持がある。日本が、現地の人々に寄り添い、共に知恵を出し合いながら、まずは自立と安定に向けて支援を実施していくことは、その国の人々が望むことでもある。

グローバルな課題の解決のために地道に現場で汗を流し、同時に「グローバル・ファシリテーター」として味方を増やす外交を推進していくこと。それが、ロシアのウクライナ侵攻によって不安定さを増す世界の中で、日本の今後の生き方になるのではと私は考えている。

おわりに

二〇二二年二月二四日にロシアがウクライナに侵攻した時、私は偶然、福岡県の筑後川にある山田堰を訪問していた。本文でも紹介した、アフガニスタンの医療や灌漑のために一生を捧げた中村哲医師が、地球温暖化による干ばつで農地が砂漠と化し、飢えに苦しむアフガンの人々のために灌漑を広げたいと考え、そのモデルにしたのが、この山田堰だった。中村医師と共に活動を支えてきた村上優ペシャワール会会長が案内してくれ、川岸の視察を終えて車に戻ると、ロシア軍がウクライナに侵攻したというニュースがラジオから聞こえてきた。「これは大変なことが始まった」と痛烈に思った。

それから一年がたとうとしているが、ウクライナ戦争が終わる気配は見えてこない。これまで私は、世界各地の軍事紛争の和平調停や平和構築を調査し、実務にも携わる機会があった。その経験を基に、このウクライナ戦争をどうしたら終わらせることができるのか、私なりに突き詰めて考え、議論に一石を投じたいというのが本書を書いた動機である。少しでも、人類の存亡にかかわるこのテーマを考える上での参考になればと願っている。

また二〇二二年夏に実施したサウジアラビアやトルコ、モルドバでの現地調査なども踏まえて、ウクライナ支援について日本ができることや、ウクライナ戦争勃発後の世界において、より深刻化するグローバル課題の解決に向け日本が果たせる役割についても私見を述べた。今後、日本が国際社会で果たす役割を考える一助になれば望外の幸せである。

これまで、私が博士号を取得したカナダのブリティッシュコロンビア大学の指導教官だったリチャード・プライス教授など、指導してくださった多くの先生方に改めて御礼の気持ちを伝えたい。また海外で実施する調査や講演において、多大な協力をしてくださっている外務省やＪＩＣＡ、日本のＮＧＯ、そして現地の日本大使館やＪＩＣＡ事務所の方々にも、心より感謝申し上げる。

またアトゥール・カーレ国連事務次長、石兼公博国連大使、スタファン・デミツラ元国連アフガン特使、城内実元外務副大臣、黄川田仁志元内閣府副大臣、玄葉光一郎元外相など、手紙を書いて現地調査を応援してくださっている方々にも深く御礼をお伝えしたい。そして勤務してきた、ＮＨＫ、国連アフガニスタン支援ミッション、東京大学、国連日本政府代表部、上智大学の先生方や関係者の方々に、これまでのご支援に感謝申し上げたい（なお二〇一六年以降、科研費「平和構築と政治的排除」、同「平和構築と政党」の助成で現地調査を実施している）。

超党派の議員連盟である国際人口問題議員懇談会（上川陽子会長）には、二〇二〇年九月に「コロナ禍を「人間の安全保障」で――世界的解決に向けた日本の役割」について講演する機会をいただき、二〇二一年一二月にも「アフガニスタンの人道危機と、日本が果たせる役割」について講演した。その後、人口議連として私の提案について林芳正外務大臣や木原誠二官房副長官に申し入れがされ、それを受けて二〇二二年八月に人口議連に「アフガン・プロジェクトチーム（ＰＴ）」が新たに設立され、継続的にアフガンや、さらに中東やアフリカのグローバル課題について検討し、政府に提言する超党派の枠組みが作られ、私も継続的にかかわることになった。

地球規模の課題への取り組みは世界全体にとって待ったなしの問題であり、このような形で日本の国際貢献の推進を目指されている関係者の方々に深く敬意を表しつつ、御礼の気持ちを改めてお伝えしたい。

二〇〇四年にNHKを退職して、一介のカナダの大学院生になったあと、当時JICA理事長だった緒方貞子さんが、日本に帰国するたびに会ってくださり、一時間以上、調査や研究について指導や助言をしてくださった。その後も国連アフガン支援ミッションで勤務することになった私を応援するために、アフガンの当時の多くの閣僚に直接言及してくださったり、主催するセミナーで発表いただくなど、二〇一九年に亡くなられる直前までご指導くださり、自分にとっては忘れられない恩人である。この場をお借りして、心から感謝の気持ちを表したい。

この本を出すにあたっては、岩波新書の編集者である安田衛氏に、大変お世話になった。このような形で本書を出せるのは、安田氏の丁寧な編集のおかげであり、深く御礼申し上げる。またこの本を出すきっかけになった拙論を掲載くださった、雑誌『世界』の編集長だった熊谷伸一郎氏にも、お礼の気持ちを伝えたい。

最後に、一九九七年に結婚して以来、自らの仕事を続けながら一貫して私を応援してくれている妻の雅江と、社会人になった長男の大誠に心から感謝しながら、本書を締めくくりたい。

一刻も早くこの非道で残酷な戦争が終わることを祈りつつ。

二〇二三年一月

東　大作

参考文献

第1章

Daisaku Higashi, "Preventing Global War: How to End the Ukraine War without Escalation," Japan Institute of International Affairs (JIIA), August 23, 2022.

Fareed Zakaria, *CNN News Program*, March 17, 2022.

Richard Betts, "Thinking About the Unthinkable in Ukraine: What Happens If Putin Goes Nuclear?" *Foreign Affairs*, July 4, 2022.

Thomas Friedman, "I See Three Scenarios for How This War Ends," *New York Times*, March 1, 2022.

UNHCR, Ukraine Refugee Situation, updated on September 27, 2022. https://data.unhcr.org/en/situations/ukraine

Wall Street Journal, "U.S. Blacklists Five Chinese Firms for Allegedly Helping Russia's Military," June 29, 2022.

Washington Post, "U.S. has sent private warnings to Russia against using a nuclear weapon," September 22, 2022.

Washington Post, "Ukraine briefing: Putin to formalize annexation of Ukrainian territories after staged referendums," September 29, 2022.

William Cohen, Former US Secretary of Defense, *CNN News Program*, March 11, 2022.

朝日新聞デジタル「ロシアにしてやられた中国　勇気得た台湾　松田康博・東大教授に聞く」2022年3月7日

東 大作「世界大戦をどう防ぐのか」『世界』2022年5月号

毎日新聞デジタル「ウクライナ4州　編入すれば核含む「完全保護」露外相」2022年9月25日

第2章

Daisaku Higashi, "Humanitarian Crisis after the Collapse of the Afghan Government and Japan's Role," Japan Institute of Interna-

tional Affairs (JIIA), April 5, 2022.
Rosanne Klass, "Afghanistan: The Accords," *Foreign Affairs*, Summer 1988.
Stockholm International Peace Research Institute, "Global nuclear arsenals are expected to grow as states continue to modernize—New SIPRI Yearbook out now," June 13, 2022.
Washington Post, "Iraq's violence reflects an enduring dysfunction," August 31, 2022.

東 大作『内戦と和平——現代戦争をどう終わらせるか』中公新書，2020 年
東 大作『平和構築——アフガン，東ティモールの現場から』岩波新書，2009 年
東 大作『我々はなぜ戦争をしたのか——米国・ベトナム 敵との対話』岩波書店，2000 年(平凡社ライブラリー，2010 年)
東 大作「アフガン政権崩壊——失敗の教訓と平和作りへの課題」『世界』2021 年 10 月号
東 大作「アフガン政権崩壊後の人道危機と日本の役割」日本国際問題研究所・研究レポート，2022 年 2 月 28 日
廣瀬陽子『ハイブリッド戦争——ロシアの新しい国家戦略』講談社現代新書，2021 年
古田元夫『歴史としてのベトナム戦争』大月書店，1991 年
ロドリク・ブレースウェート(河野純治訳)『アフガン侵攻 1979–89——ソ連の軍事介入と撤退』白水社，2013 年

第 3 章

BBC News, "Ukraine war: Russia says it will curb Kyiv assault as peace talks progress," March 30, 2022.
CNN, "Interview with United Nations Secretary-General Antonio Guterres on Grain Exports Deal," July 22, 2022.
Daisaku Higashi, *Challenges of Constructing Legitimacy in Peacebuilding: Afghanistan, Iraq, Sierra Leone, and East Timor*, Routledge, 2015.
Daisaku Higashi, *Inclusivity in Mediation and Peacebuilding: UN,*

Neighboring States, and Global Powers, Edward Elgar, 2022.
Fiona Hill and Angela Stent, "The World Putin Wants: How Distortions About the Past Feed Delusions About the Future," *Foreign Affairs*, September/October 2022.
Financial Times, "Ukraine and Russia Explore Neutrality Plan in Peace Talks," March 16, 2022.
Update from Joint Coordination Centre.
https://www.un.org/en/black-sea-grain-initiative/updates
Volodymyr Zelenskyy, "During the negotiations with Russia, the Ukrainian delegation officially outlined its proposals for a new system of security guarantees for our country," Official Website of President of Ukraine, March 29, 2022.
https://www.president.gov.ua/en/news/na-peregovorah-iz-rosiyeyu-ukrayinska-delegaciya-oficijno-pr-73933

東 大作『内戦と和平——現代戦争をどう終わらせるか』中公新書，2020年
ロイター「黒海穀物輸出，120日間延長へ　国連事務総長「継続同意を歓迎」」2022年11月17日
読売新聞オンライン「有数の穀物輸出国ウクライナ，ロシア軍の阻害で黒海経由ルート使えず　世界供給縮小の懸念」2022年3月15日

第4章

Daniel Drezner, "The United States of Sanctions: The Use and Abuse of Economic Coercion," *Foreign Affairs*, September/October 2021.
Emma Ashford, "The Ukraine War Will End With Negotiations: Now Is Not the Time for Talks, but America Must Lay the Groundwork," *Foreign Affairs*, October 31, 2022.
Jeff Mason and Steve Holland, "G7 to phase out Russian oil, U.S. sanctions Gazprombank execs over Ukraine war," *Reuters*, May 9, 2022.
Max Fisher, "Is the United States Driving Afghanistan Toward Fam-

ine?" *New York Times*, October 29, 2021.
New York Times, "Russia Is Buying North Korean Artillery, According to U.S. Intelligence," September 5, 2022.
New York Times, "A looming hunger catastrophe: In Afghanistan, aid groups fear millions could die, and calls grow to end sanctions," December 7, 2021.
Reuters, "Russia sees 38% rise in energy export earnings this year—govt document," August 17, 2022.
Telegraph, "Crippling sanctions could be lifted if Russia withdraw from Ukraine, Says Liz Truss," March 26, 2022.
Treasury-Commerce-State Alert, "Impact of Sanctions and Export Controls on Russia's Military-Industrial Complex 1," October 14, 2022.
UN News, "General Assembly resolution demands end to Russian offensive in Ukraine," March 2, 2022.
Zeeshan Aleem, "Afghan Hunger Crises is a problem the U.S. can fix," *MSNBC*, November 11, 2021.

杉田弘毅『アメリカの制裁外交』岩波新書，2020 年

第 5 章

Alexander Downes and Daniel Krcmaric, "Biden called Putin a 'war criminal.' That's risky," *Washington Post*, March 24, 2022.
Andriy Zagorodnyuk, "Ukraine's Path to Victory: How the Country Can Take Back All Its Territory," *Foreign Affairs*, October 12, 2022.
BBC News, "International Criminal Court officials sanctioned by US," September 2, 2020.
BBC News, "Ukrainian casualties: Kyiv losing up to 200 troops a day—Zelensky aide," June 9, 2022.
BBC News, "Milosevic extradition unlocks aid coffers," June 29, 2001.
CNBC News, "Blast damages only bridge linking Russia and Crimea; Zelenskyy advisor calls it 'the beginning'," October 8, 2022.

Economist Intelligence Unit, “Democracy Index 2021,” accessed May 10, 2022.
https: //www.eiu.com/n/campaigns/democracy-index-2021/
Emma Ashford, “The Ukraine War Will End With Negotiations: Now Is Not the Time for Talks, but America Must Lay the Groundwork,” *Foreign Affairs*, October 31, 2022.
Lukas Bester, “Kissinger: These are the main geopolitical challenges facing the world right now,” World Economic Forum Annual Meeting, May 23, 2022.
New York Times, “How Does It End? Fissures Emerge Over What Constitutes Victory in Ukraine,” May 26, 2022.
Report of the Secretary-General, “Situation in South Sudan,” September 2022.
Reuters, “India’s Modi assails Putin over Ukraine war,” September 16, 2022.
Richard Haass, “What Does the West Want in Ukraine?: Defining Success—Before It’s Too Late,” *Foreign Affairs*, April 22, 2022.
Stephen D. Krasner, “Realist Views of International Law,” *American Society of International Law*, Vol. 96, March 2002.
Tolo News, “ICC Prosecutor Defends Dropping US from Afghan War Crimes Probe,” December 7, 2021.
UN News, “General Assembly resolution demands end to Russian offensive in Ukraine,” March 2, 2022.
UN News, “Ukraine: UN General Assembly demands Russia reverse course on ‘attempted illegal annexation’,” October 12, 2022.
Vladimir Petrovic, “Slobodan Milošević in the Hague,” in *Remembrance, History, and Justice*, Central European University Press, 2015.
Wall Street Journal, “Ukraine Will Fight Until All Russian Forces Are Expelled, Military Intelligence Chief Says,” May 20, 2022.
Washington Post, “Ukraine lays out peace-talk demands as the West braces for escalation: Zelensky says Ukraine must get E.U. membership, restoration of pre-invasion borders, Russian accountability and the return of refugees,” May 6, 2022.

Volodymyr Zelenskyy, "Everything started with Crimea and will end with it—liberation of the peninsula from occupation is necessary," Speech by President of Ukraine Volodymyr Zelenskyy at the opening of the Second Crimea Platform Summit, August 23, 2022.

朝日新聞デジタル「「我々に敬意を」プーチン氏に異例の注文 同盟国，噴き出す不満」2022 年 10 月 16 日
NHK 国際ニュースナビ「そもそも NATO とは？ なぜウクライナは加盟できない？」(笹川平和財団主任研究員・畔蒜泰助氏インタビュー含む)2022 年 6 月 7 日
黒川祐次『物語 ウクライナの歴史——ヨーロッパ最後の大国』中公新書，2002 年
東 大作『平和構築——アフガン，東ティモールの現場から』岩波新書，2009 年
山田順一『インフラ協力の歩み——自助努力支援というメッセージ』(シリーズ「日本の開発協力史を問いなおす」5)東京大学出版会，2021 年

第 6 章

外務省報道発表「モルドバ共和国に対する無償資金協力「医療体制強化計画」に関する書簡の交換」2022 年 8 月 18 日
外務省ホームページ(HP)「ウクライナ情勢に関する対応」
経済産業省 HP「石油統計速報」2022 年 8 月分

第 7 章

AP News, "Japan gives $800M to UN-backed COVID-19 vaccine program," June 2, 2021.
Daisaku Higashi, "Human Security in Tackling the Coronavirus Pandemic: Japan's Role in a Global Solution," Japan Institute of International Affairs (JIIA), December 17, 2020.
Economist Intelligence Unit, "Democracy Index 2021," accessed May 10, 2022.
https://www.eiu.com/n/campaigns/democracy-index-2021/

Shawn Davies, Therése Pettersson, and Magnus Öberg, "Organized violence and drone warfare 1989–2021," Journal of Peace Research, Vol. 59 (4), 593–610, 2022.
UNHCR, Press Release, "Ukraine, other conflicts push forcibly displaced total over 100 million for first time," May 23, 2022.
Uppsala Conflict Data Program.　https://ucdp.uu.se

五百旗頭真「「日米同盟プラス日中協商」でいくべきだ　五百旗頭真氏に聞く(中)」朝日新聞「論座」2016 年 4 月 6 日
経済産業省 HP「石油統計」2022 年
NHK メルトダウン取材班『福島第一原発事故の「真実」』講談社，2021 年
大島堅一「コスト問題からみた原子力発電の現在」『学術の動向』2022 年 4 月号
外務省 HP「開発協力大綱(2015 年)」
外務省 HP「国連 PKO を通じた日本の貢献の歩み」
外務省 HP「第 3 回国連防災世界会議　仙台宣言」
経済産業省「2030 年に向けた今後の再エネ政策」2021 年 10 月 14 日
国連世界食糧計画(WFP)ニュースリリース「雨も資金も不足――アフリカの角では数百万世帯が壊滅的状況に近づく」2022 年 4 月 19 日
国際協力機構(JICA)HP「アフリカ稲作振興のための共同体(CARD)」
東 大作「国連の和平調停とウクライナ戦争の出口」NHK 視点・論点，2022 年 6 月 14 日(ウェブ記事あり)
東 大作『内戦と和平――現代戦争をどう終わらせるか』中公新書，2020 年
東 大作「コロナ禍を「人間の安全保障」で――世界的解決に向けた日本の役割」日本国際問題研究所・研究レポート，2020 年 10 月 28 日
ロイター「洋上風力で官民目標，2040 年に 3000–4500 万 kW　国内調達比率 60% へ」2020 年 12 月 15 日

東 大作

1969年生まれ．NHKディレクターとして「イラク復興　国連の苦闘」(世界国連記者協会銀賞)などを企画制作．退職後，カナダ・ブリティッシュコロンビア大学で博士号取得(国際関係論)．国連アフガニスタン支援ミッション和解・再統合チームリーダー，東京大学准教授，国連日本政府代表部公使参事官などを経て，上智大学グローバル教育センター教授．

著書 『平和構築――アフガン，東ティモールの現場から』(岩波新書，2009年)
『内戦と和平――現代戦争をどう終わらせるか』(中公新書，2020年)
Challenges of Constructing Legitimacy in Peacebuilding (Routledge, 2015)
Inclusivity in Mediation and Peacebuilding (Edward Elgar, 2022) ほか

ウクライナ戦争をどう終わらせるか
――「和平調停」の限界と可能性　　岩波新書(新赤版)1961

2023年2月21日　第1刷発行
2024年11月5日　第2刷発行

著　者　東《ひがし》 大《だい》作《さく》

発行者　坂本政謙

発行所　株式会社 岩波書店
〒101-8002 東京都千代田区一ツ橋2-5-5
案内 03-5210-4000　営業部 03-5210-4111
https://www.iwanami.co.jp/

新書編集部 03-5210-4054
https://www.iwanami.co.jp/sin/

印刷・理想社　カバー・半七印刷　製本・中永製本

ISBN 978-4-00-431961-0　　Printed in Japan

岩波新書新赤版一〇〇〇点に際して

ひとつの時代が終わったと言われて久しい。だが、その先にいかなる時代を展望するのか、私たちはその輪郭すら描きえていない。二〇世紀から持ち越した課題の多くは、未だ解決の緒を見つけることのできないままであり、二一世紀が新たに招きよせた問題も少なくない。グローバル資本主義の浸透、憎悪の連鎖、暴力の応酬——世界は混沌として深い不安の只中にある。

現代社会においては変化が常態となり、速さと新しさに絶対的な価値が与えられた。消費社会の深化と情報技術の革命は、種々の境界を無くし、人々の生活やコミュニケーションの様式を根底から変容させてきた。ライフスタイルは多様化し、一面では個人の生き方をそれぞれが選びとる時代が始まっている。同時に、新たな格差が生まれ、様々な次元での亀裂や分断が深まっている。社会や歴史に対する意識が揺らぎ、普遍的な理念に対する根本的な懐疑や、現実を変えることへの無力感がひそかに根を張りつつある。そして生きることに誰もが困難を覚える時代が到来している。

しかし、日常生活のそれぞれの場で、自由と民主主義を獲得し実践することを通じて、私たち自身がそうした閉塞を乗り超え、希望の時代の幕開けを告げてゆくことは不可能ではあるまい。そのために、いま求められていること——それは、個と個の間で開かれた対話を積み重ねながら、人間らしく生きることの条件について一人ひとりが粘り強く思考することではないか。その営みの糧となるものが、教養に外ならないと私たちは考える。歴史とは何か、よく生きるとはいかなることか、世界そして人間はどこへ向かうべきなのか——こうした根源的な問いとの格闘が、文化と知の厚みを作り出し、個人と社会を支える基盤としての教養となった。まさにそのような教養への道案内こそ、岩波新書が創刊以来、追求してきたことである。

岩波新書は、日中戦争下の一九三八年一一月に赤版として創刊された。創刊の辞は、道義の精神に則らない日本の行動を憂慮し、批判的精神と良心的行動の欠如を戒めつつ、現代人の現代的教養を刊行の目的とする、と謳っている。以後、青版、黄版、新赤版と装いを改めながら、合計二五〇〇点余りを世に問うてきた。そして、いままた新赤版が一〇〇〇点を迎えたのを機に、人間の理性と良心への信頼を再確認し、それに裏打ちされた文化を培っていく決意を込めて、新しい装丁のもとに再出発したいと思う。一冊一冊から吹き出す新風が一人でも多くの読者の許に届くこと、そして希望ある時代への想像力を豊かにかき立てることを切に願う。

（二〇〇六年四月）

現代世界

岩波新書より

エビと日本人 II　村井吉敬
欧州連合 統治の論理とゆくえ　庄司克宏
いま平和とは　最上敏樹
ヨーロッパとイスラーム　内藤正典
多文化世界　青木保
デモクラシーの帝国　藤原帰一
パレスチナ〔新版〕◆　広河隆一
異文化理解　青木保
東南アジアを知る　鶴見良行
エビと日本人　村井吉敬
バナナと日本人　鶴見良行
アフリカの神話的世界　山口昌男
この世界の片隅で◆　山代巴編

岩波新書より

世界史

魔女狩りのヨーロッパ史　池上俊一
ジェンダー史10講　姫岡とし子
暴力とポピュリズムのアメリカ史　中野博文
感染症の歴史学　飯島　渉
ヨーロッパ史 拡大と統合の力学　大月康弘
アマゾン五〇〇年　丸山浩明
ハイチ革命の世界史　浜　忠雄
軍と兵士のローマ帝国　井上文則
西洋書物史への扉　髙宮利行
「音楽の都」ウィーンの誕生　ジェラルド・グローマー
マルクス・アウレリウス『自省録』のローマ帝国　南川高志
古代ギリシアの民主政　橋場　弦
曾国藩 「英雄」と中国史　岡本隆司
人種主義の歴史　平野千果子
スポーツからみる東アジア史　高嶋　航

スペイン史10講　立石博高
ヒトラー　芝　健介
ユーゴスラヴィア現代史〔新版〕　柴　宜弘
東南アジア史10講　古田元夫
チャリティの帝国　金澤周作
太平天国　菊池秀明
ドイツ統一　アンドレアス・レダー　板橋拓己訳
人口の中国史　上田　信
カエサル　小池和子
世界遺産　中村俊介
奴隷船の世界史　布留川正博
独ソ戦 絶滅戦争の惨禍　大木　毅
イタリア史10講　北村暁夫
フランス現代史　小田中直樹
移民国家アメリカの歴史　貴堂嘉之
フィレンツェ　池上俊一
マーティン・ルーサー・キング　黒﨑　真
ナポレオン　杉本淑彦

ガンディー 平和を紡ぐ人　竹中千春
イギリス現代史　長谷川貴彦
ロシア革命 破局の8か月　池田嘉郎
天下と天朝の中国史　檀上　寛
孫　文　深町英夫
古代東アジアの女帝　入江曜子
新・韓国現代史　文　京洙
ガリレオ裁判　田中一郎
人間・始皇帝　鶴間和幸
袁　世凱　岡本隆司
二〇世紀の歴史　木畑洋一
イギリス史10講　近藤和彦
植民地朝鮮と日本　趙　景達
シルクロードの古代都市　加藤九祚
中華人民共和国史〔新版〕　天児　慧
物語 朝鮮王朝の滅亡◆　金　重明
新・ローマ帝国衰亡史　南川高志
近代朝鮮と日本　趙　景達
マヤ文明　青山和夫

(2024.8)　◆は品切，電子書籍版あり．　(O1)

経済

環境とビジネス　白井さゆり
スタートアップとは何か　加藤雅俊
財政と民主主義　神野直彦
ドキュメント 異次元緩和　西野智彦
ケインズ 危機の時代の実践家　伊藤宣広
循環経済入門　笹尾俊明
新・金融政策入門　湯本雅士
アフター・アベノミクス　軽部謙介
応援消費　水越康介
人の心に働きかける経済政策　翁 邦雄
金融サービスの未来　新保恵志
日本経済図説〔第五版〕　宮崎 勇・本庄 真・田谷禎三
好循環のまちづくり！　枝廣淳子
グローバル・タックス　諸富 徹
世界経済図説〔第四版〕　宮崎 勇・田谷禎三
日本経済30年史 バブルからアベノミクスまで　山家悠紀夫
行動経済学の使い方　大竹文雄
日本のマクロ経済政策　熊倉正修
ゲーム理論入門の入門　鎌田雄一郎
平成経済 衰退の本質　金子 勝
幸福の増税論　井手英策
日本の税金〔第3版〕　三木義一
戦争体験と経営者　立石泰則
金融政策に未来はあるか　岩村 充
データサイエンス入門　竹村彰通
経済数学入門の入門　田中久稔
地元経済を創りなおす　枝廣淳子
会計学の誕生◆　渡邉 泉
偽りの経済政策　服部茂幸
ミクロ経済学入門の入門　坂井豊貴
経済学のすすめ　佐和隆光
ガルブレイス　伊東光晴
ポスト資本主義 科学・人間・社会の未来　広井良典
日本の納税者◆　三木義一
タックス・イーター　志賀 櫻
コーポレート・ガバナンス◆　花崎正晴
グローバル経済史入門　杉山伸也
アベノミクスの終焉◆　服部茂幸
新・世界経済入門　西川 潤
金融政策入門◆　湯本雅士
新自由主義の帰結◆　服部茂幸
タックス・ヘイブン　志賀 櫻
ＷＴＯ 貿易自由化を超えて◆　中川淳司
日本財政 転換の指針◆　井手英策
成熟社会の経済学　小野善康
平成不況の本質　大瀧雅之
原発のコスト◆　大島堅一
「分かち合い」の経済学　神野直彦
グリーン資本主義　佐和隆光
国際金融入門〔新版〕　岩田規久男
ビジネス・インサイト◆　石井淳蔵
金融商品とどうつき合うか　新保恵志

政治

検証 政治とカネ　上脇博之
ケアの倫理　岡野八代
さらば、男性政治　三浦まり
日米地位協定の現場を行く　山本章子・宮城裕也
職業としての官僚　嶋田博子
学問と政治 学術会議任命拒否問題とは何か　芦名定道・宇野重規・岡田正則・小沢隆一・加藤陽子・松宮孝明
検証 政治改革 なぜ劣化を招いたのか　川上高志
政治責任 民主主義とのつき合い方　鵜飼健史
人権と国家　筒井清輝
「オピニオン」の政治思想史　堤林剣・堤林恵
戦後政治史〔第四版〕　石川真澄・山口二郎
尊厳　マイケル・ローゼン　内尾太一・峯陽一訳
デモクラシーの整理法　空井護

地方の論理　小磯修二
SDGs　南博・稲場雅紀
暴君　スティーブン・グリーンブラット　河合祥一郎訳
ドキュメント 強権の経済政策　軽部謙介
リベラル・デモクラシーの現在　樋口陽一
民主主義は終わるのか　山口二郎
女性のいない民主主義　前田健太郎
平成の終焉　原武史
日米安保体制史　吉次公介
官僚たちのアベノミクス　軽部謙介
在日米軍 変貌する日米安保体制　梅林宏道
矢内原忠雄 戦争と知識人の使命　赤江達也
憲法改正とは何だろうか　高見勝利
共生保障〈支え合い〉の戦略　宮本太郎
シルバー・デモクラシー 戦後世代の覚悟と責任◆　寺島実郎
憲法と政治　青井未帆

18歳からの民主主義◆　岩波新書編集部編
検証 安倍イズム　柿崎明二
右傾化する日本政治　中野晃一
外交ドキュメント 歴史認識◆　服部龍二
日米〈核〉同盟 原爆、核の傘、フクシマ　太田昌克
集団的自衛権と安全保障　豊下楢彦・古関彰一
日本は戦争をするのか　半田滋
アジア力の世紀　進藤榮一
民族紛争　月村太郎
政治的思考　杉田敦
現代日本の政党デモクラシー　中北浩爾
サイバー時代の戦争◆　谷口長世
現代中国の政治◆　唐亮
政権交代とは何だったのか◆　山口二郎
日本の国会　大山礼子
戦後政治史〔第三版〕　石川真澄・山口二郎
〈私〉時代のデモクラシー　宇野重規

岩波新書より

生活保障 排除しない社会へ　宮本太郎
民族とネイション　塩川伸明
昭和天皇　原武史
集団的自衛権とは何か　豊下楢彦
沖縄密約◆　西山太吉
吉田茂◆　原彬久
市民の政治学◆　篠原一
岸信介　原彬久
近代政治思想の誕生　佐々木毅
一九六〇年五月一九日　日高六郎編
人間と政治◆　南原繁
非武装国民抵抗の思想　宮田光雄
日本の政治風土　篠原一
近代の政治思想　福田歓一

(2024.8)　◆は品切，電子書籍版あり．(A2)

岩波新書/最新刊から

2028 介護格差 結城康博 著

介護は突然やってくる！　いざというときに困らないために何が鍵となるのか。迫りくる「2025年問題」の全課題をわかり易く説く。

2029 新自由主義と教育改革
大阪から問う 髙田一宏 著

競争原理や成果主義による新自由主義の教育改革。国内外で見直しも進むなか、勢いを増す維新の改革は何をもたらしているのか。

2030 朝鮮民衆の社会史
―現代韓国の源流を探る― 趙景達 著

歴史の基底には多様な信仰、祭礼、文化が根づいている。日常と抗争のはざまを生きる力弱い人々が社会を動かしていく道程を描く。

2031 インターネット文明 村井純 著

インターネットは、趣味や仕事から医療や安全保障までを包摂する文明と化した。人類史的な課題と使命を、第一人者が語る。

2032 ルポ フィリピンの民主主義
―ピープルパワー革命からの40年― 柴田直治 著

アジアや東欧の民主化の先駆けとなった革命から約40年。独裁者の息子が大統領となったいま、フィリピンの民主主義の姿とは。

2033 フェイクニュースを哲学する
―何を信じるべきか― 山田圭一 著

他人の話やニュース、そして政治家の発言も……。私は何を信じたらいいのか。「真理を多く誤りを少なく」知るための哲学の挑戦。

2034 学力喪失
―認知科学による回復への道筋― 今井むつみ 著

子どもたちが本来の「学ぶ力」を学校で発揮できないのはなぜか。躓きの原因を認知科学の知見から解明し、回復への希望をひらく。

2035 アルベール・カミュ
―生きることへの愛― 三野博司 著

世界の美しさと、人間の苦しみと――「不条理」の先に作家は何を見ていたのか？『異邦人』『ペスト』などの作品群をよみとく。

(2024. 10)